名师名校名校长

凝聚名师共识
回应名师关怀
打造名师品牌
培育名师群体

顾明远题

抱朴含真集

陈碧军 / 著

北京燕山出版社
BEIJING YANSHAN PRESS

图书在版编目（CIP）数据

抱朴含真集 / 陈碧军著. — 北京：北京燕山出版
社，2023.5
ISBN 978−7−5402−6889−3

Ⅰ.①抱… Ⅱ.①陈… Ⅲ.①小学语文课—教学研究
Ⅳ.①G623.202

中国国家版本馆CIP数据核字（2023）第061644号

抱朴含真集

著　　者	陈碧军
责任编辑	满　懿
出版发行	北京燕山出版社有限公司
社　　址	北京市西城区椿树街道琉璃厂西街20号
电　　话	010−65240430
邮　　编	100052
印　　刷	北京政采印刷服务有限公司
经　　销	新华书店
开　　本	170mm×240mm　16 开
字　　数	230千字
印　　张	12.75
版　　次	2023年5月第1版
印　　次	2023年5月第1次印刷
定　　价	58.00元

序言

　　"抱朴含真"释义，抱：保；朴：朴素；含：蕴含；真：纯真、自然。道家主张人应保持并蕴含朴素、纯真的自然天性，不要沾染虚伪、狡诈且玷污、损伤人的天性。成语出自《老子》第十九章："见素抱朴，少私寡欲。"晋·陶潜《劝农》有言："傲然自足，抱朴含真。"可以说，纯朴、真诚、实在，追求卓越，打造精彩，正是语文特级教师陈碧军立德树人、教书育人、启智慧人、薪火传人的真实写照与精准评语。

　　2015—2018年，我们同在坪山同心外国语学校工作。特级教师陈碧军是学校教务处主任，她每天早早到校，迟迟归去，在烦琐细碎的教务工作中忙忙碌碌，同时还兼任小学高年级的语文教学工作。通过相识、相知、相处，我深深地为她的教育情怀、人格魅力、专业水平所折服。从师德修养到课题探究，从课堂教学到教务工作，从教师培训到学生游学，本书收集的文章与课例仅仅是冰山一角，她低调为人，高调做事，满面春风，不急不躁，无怨无悔，默默奉献；抱朴含真，树立了一名学习型、科研型、务实型小学语文教师的高雅形象。

　　文似其人，见字如面，翻开这本书，仿佛可以看到朴实、真诚、贤淑的陈碧军老师微笑着向我走来。纯朴是她为人处事的原则，真实是她的课堂教学，精彩是她的春华秋实、工作业绩。其淳朴师德、纯真才情、精彩成果，令人感动、敬佩。全书共分立德树人、教书育人、启智慧人、薪火传人四篇内容，以人为本的理念蕴含其中；立德、教书、科研、传承，点点滴滴，如诗如画的小语教育教学实践影像在我们眼前呈现，陶冶美德，飘洒书香，传承文化，探路先行。这是一本关于如何进行小语教育教学的书，也在述说着教师要怎样做一个具有美德的人、书香的人、智慧的人、匠心的人；启迪读者，感恩时代，不负芳华，抱朴含真，丰厚中华情怀，拓展国际视野，做学生的幸福引路人，创新再出发。

用三句中华诗词来感悟其人，评价其书，品读其文：

师德高雅、纯朴、干净：具有"清水出芙蓉，天然去雕饰"（源自李白《经乱离后天恩流夜郎忆旧游书怀赠江夏韦太守良宰》）的神采。2014年9月，陈碧军老师从广西贵港市平南县来到深圳市应聘执教，故乡的古朴、自然，融入她的为人处事。坪山同心外国语学校是一所新学校，教务处工作的常规研发，常态运行，每一项学科组、年级组制度的确立，每一次教师教案的检查评比，都有陈老师的心血与汗水；她注重教师成长基本功的训练，要求每周每一位教师在小黑板上写出全校相同的一首中华古诗词粉笔字展示，年轻与年老教师、本土与外籍教师、理科与文科教师一视同仁；公正、公开、公平地处理每一件小事。小语课堂教学，注重字理、词理、文理的本真探究，扎扎实实打基础。纯朴灵动，细节精彩，心有大爱，她从教三十余年，弟子数千，始终初心不变，激情不减。2018年，她响应坪山区教育局和学校号召，担任学校结对帮

扶工作负责人，兼任深圳市坪山区华明星学校学术副校长。每周在三所结对学校间奔波十余次；一年听评课200余节；通过公民办联考、悦读节、开放课堂、课题研究等帮扶平台，参与交流互动的师生多达数千余人次。她心系革命老区，到广西百色、广东河源走校送教，为边远山区的孩子送上生活、学习用品。她用行动为坪山区公办和民办学校均衡、优质发展提供了样板，用爱心书写了一位特级教师的教育情怀。她工作踏实认真，说话自信沉稳，带着微笑走进教室上课、听课，带着微笑完成一项项工作任务，默默付出，为人处事，自然、纯朴、绿色、鲜活、清新，不含杂质，不带灰尘。

教艺精湛、真实、清澈：具有"明月松间照，清泉石上流"（源自王维《山居秋暝》）的质感。教师、家长可以随时走进她的课堂听课。她的课堂没有花架子，不用包装自有风骨，字理识字、解词释义，通透清朗；品句析段，条理分明；读文学篇，合情入境。如点点月光映山林，潺潺清泉润心田，赏心悦目。讲读单篇课文、单元拓展阅读、整本书阅读都有滋有味，知识能力落点实实在在，方法过程环环相扣，水到渠成，情感态度价值观，渗透其中，给人春风化雨、润物无声之感。她是学校品质课堂、生本课堂、卓越误堂流程的主要研发者、完善者、引领者，是品质课堂自学、助学、展学、导学、拓学、研学"六学环节"的确立者、践行者、提升者。她的课堂不是教者的一言堂，学生质疑问难，师生互动，很有章法与成效。我评点过她整本书阅读《昆虫记》的教学。长文短教，多而不乱，以学导教，张合有序；知识面宽、互动面广，视野开阔，效果鲜明，学生与听课教师收益良多。她是课堂"魔法师"，是国家级作文教学能手、省级优秀德育教师。她创造了独特

的教学方法——字理教学法，学生在品词析句中感受语言的魅力，领略中华文化的博大精深。通过语文教学，滋养一颗又一颗火热的中国心；同时，她指导小学生做课题，走进伊斯兰文化。她尊重多元文化，通过指导游学研学课题探究，拓展了小学生的国际视野。她用半生的教学实践铸就了"大气而灵动""简约而朴实"的课堂教学风格，换来满园桃李芬芳。

果实丰硕，谦逊、低调、不争：具有"待到山花烂漫时，她在丛中笑"（源自毛泽东《卜算子·咏梅》）的美德。陈碧军老师是全国教科研优秀实验教师，她先后主持过国家、省、市、区各级课题6项，出版专著3部，在全国中文核心期刊发表论文20余篇。

她是坪山同心外国语学校首任学术委员会主任，身边聚集了一大批名师、学者，在她的引领下，学术委员会已成为规范和指导坪外学科建设、课程建设、教师发展、教育科研，促进学术创新、提高学术质量、保障学术平等、践行学术事务管理的主体机构，成为学校分权治理结构中一张亮丽的名片，同时也为区域内各校学术委员会的成立与发展提供了可参考、可复制、可推广的诸多经验。

从小城镇到大城市，从青年到壮年，一路走来，掌声不断，鲜花盛开，声名鹊起。2002年，陈碧军老师被评为广西壮族自治区贵港市市优秀少先队辅导员；2006年9月成为享受贵港市人民政府特殊津贴教师；2008年3月被中国基础教育学会研究会评为"全国作文教学能手"；2008年7月被广西壮族自治区教育厅授予"广西21世纪园丁工程小学语文学科自治区级骨干教师"称号；2009年6月被评为贵港市先进支教工作者；2009年6月被评为广西壮族自治区优秀中小学德育教师；2009年6月被评为省级优秀教师，并记个人二等功；

2011年9月被评为贵港市政府第五批"专业技术拔尖人才";2012年9月被评为"特级教师";2015年5月被评为深圳市坪山新区高层次人才,并录入深圳市基础教育系统名师榜……在荣誉面前,她不负芳华,不忘初心,还是那么纯朴、低调、真诚,"不畏浮云遮望眼",开拓进取,抱朴含真,砥砺前行。

近年来,深圳市双区驱动,全力打造粤港澳大湾区与建设中国特色社会主义先行示范区,对教育提出了"学有优教"的高要求。促进教育的高质量发展,应当有高素质的教师,学有优教,优教优师。教师如何先行示范?通读这本《抱朴含真集》,立德树人、教书育人、启智慧人、薪火传人,不难感受心灵的震撼,找到恰当的回答。愿你我同读这本书,沐浴书香,持续前行。

是为序!

梁桂珍

(全国优秀班主任、深圳市优秀教师、

原深圳市南山区育才教育集团名师、语文特级教师)

2021年2月6日

目　录

第四篇　薪火传人

附　录

后　记

第一篇

立德树人

本部分收录了五篇文章，其中两篇是关于国学经典阅读的初步探究，两篇是关于我到坪山区华明星民办学校帮扶支教的文字内容，最后一篇是同心外国语学校办公室关于我参与评选坪山区教书育人楷模的申报材料，内容都与师德相关。

立德树人是教育的根本任务，也是小学语文教学的根本任务。

2019年6月，中共中央、国务院印发的《关于深化教育教学改革全面提高义务教育质量的意见》再次强调，落实立德树人根本任务，健全立德树人落实机制。

树人的人，应当包括：①社会主义事业的建设者和接班人；②德智体美劳全面发展的人；③具有国际视野，担当民族复兴大任的时代新人。

立德的德，主要涵盖：①构筑共产主义理想信念；②牢固确立社会主义核心价值观；③厚植中华传统美德；④弘扬民族精神和时代精神；⑤树立全球观念和生态文明意识。

立德树人是我国所有学校、所有教育工作者的根本任务。学校的各个岗位工作都有立德的要求；每位教师、每位员工都应当是树人的表率。我们语文教师必须把中华民族伟大复兴，报效社会主义祖国的远大理想落实在爱岗敬业的具体工作中。

回顾自己近三十三年的从教历程，也是立德树人的过程。大爱无疆，大德无形，踏踏实实工作，堂堂正正做人，认认真真读书，勤勤恳恳教学，德艺双馨是我一生的追求，也是辅导年轻教师与教育学生的一个准则。如何在小学语文教学中，不负芳华，不忘初心，立德树人，砥砺前行，有以下感悟。

一、注重师德修养

才高为师，身正为范，敬业爱岗，师德为先。这就要求教师具有中华情怀与全球视野，教师必须站在三尺讲台，胸怀大千世界，爱国爱党，忠诚于党和人民的教育事业，舒展中华情怀；热爱世界和平，具有国际视野；以德育德，正人正己，从身边每一件小事做起，从教好每一堂课做起，从爱护每一位学生做起。追求真善美，充满正能量，心有阳光，遵纪守法，积极向上；有团队精神，有大局观念，有绿色文明环保意识；学而不厌，诲人不倦，做终身学习的先行者；举止言行，合乎师德规范，穿衣打扮，朴素大方，为人师表，当好学生追求幸福生活的引路人。

二、教学育德为先

语文教学，文以载道，遵循课标，吃透教材，把握学情，活化教法，以学定教。文章体裁是形式，思想观点是内核。一、二年级识字教学，启蒙学生方方正正做人；三、四年级段落解读，引导学生点点滴滴进步；五、六年级篇章分析，指点学生蓬蓬勃勃发展。语文学习字、词、句、段、篇，听、说、读、写、练，每一点知识、能力的积累，每一步过程、方法的运用，都呈现着情感、态度、价值观的树立。人物、故事、景色，揭示着人与自我、人与自然、人与社会的内在联系，激励着小学生向美向善、向雅向上成长。

讲读低年级课文《柳树醒了》《春雨的色彩》《荷叶圆圆》《要下雨了》，中年级课文《观潮》《火烧云》《五彩池》到《桂

林山水》《长城》课堂教学方法，走进大自然，热爱祖国大好河山的教育蕴含其中。学习一年级的课文《王二小》，将王二小的英勇机智，通过影视片段配合歌曲进行情境再现，平凡小人物的伟大献身精神，潜移默化的爱国主义教育，深深震撼着小学生幼小的心灵。中年级《乌塔》一课，讲述了一个十四岁的小女孩独自一人游欧洲的故事。旅行前，自己设计路线和日程，用三年的时间准备旅行，阅读旅行相关的书籍，利用周末到餐馆和超市打工挣旅游费。高年级讲解安徒生童话故事《卖火柴的小女孩》，穷人家生活的艰难，小女孩到"天堂"与奶奶相遇的心酸，令人感叹。乌塔的自强，小女孩卖火柴的自食其力，与中华民族倡导的"天行健，君子以自强不息"的神韵相通。怎样实现自己的美好理想，拼搏人生，追求幸福生活，热爱社会主义祖国，小学生不言自明。随风潜入夜，润物细无声。通过学文，启示做人。爱国主义、社会主义核心价值观等教育在解词品句、析事悟情中完成。可以说，课堂教学是语文学习立德树人的主阵地。

三、阅读国学经典

语文学习引领小学生做人，做中国人，做现代中国人，做有中华情怀、国际视野的现代中国人，仅仅局限于课内书本学习是不够的，学习在课内，阅读在课外。至于怎样在语文学习中立德树人，名师名家著述琳琅满目，比比皆是，本书不一一进行举例。立德树人篇着重在国学传承上说说我的浅显感悟。

一是拓展阅读，如李白、杜甫、白居易、王维、纳兰性德等诗人的其他作品，曹雪芹《红楼梦》中凤辣子王熙凤的其他故事。

二是选择阅读，《弟子规》《三字经》《百家姓》《论语》《春秋》《庄子》《山海经》中的成语故事，聚焦与当代孝敬、和谐、友善、感恩等美德条目相关的片段，去其糟粕，选择阅读。

三是深入阅读，学生对孔子、老子、司马光、苏轼、陆游、曹操、诸葛亮等名家名人的学说、身世、阅历颇感兴趣，倡导深入阅读。

"腹有诗书气自华"，的确，课外国学经典阅读语言积累达到一定程度才可能文思如涌，笔下生花，出口成章；走进名家内心世界，了解作者写作背景，更能激起小学生感悟中华文化的博大精深，中华民族的伟大、善良、智慧、勇敢。

有教师询问语文学习的秘诀，提高学习成绩的妙招，我的答案是：不读国学经典，愧对先人智慧，妄谈中华美德，难成民族精英。

四、践行教育公平

党的十八大提出，倡导富强、民主、文明、和谐，倡导自由、平等、公正、法治，倡导爱国、敬业、诚信、友善，积极培育和践行社会主义核心价值观。富强、民主、文明、和谐是国家层面的价值目标，自由、平等、公正、法治是社会层面的价值取向，爱国、敬业、诚信、友善是公民个人层面的价值准则，这24个字是社会主义核心价值观的基本内容。

立德树人，践行社会主义核心价值观，24个字，字字珠玑，词词重要，限于篇幅，本书突出谈"教育公平"。学校小社会，社会大学校。教育公平是社会公平不可分割的一部分。

在班主任工作与语文教学工作中，为体现教育公平，需做到以下几点。

一是面向全体学生。小学教育性质是义务教育、普惠教育、全民教育，不是选拔教育、精英教育；班级工作与语文教学必须践行教育公平，呈现义务教育的优质、均衡发展。无论是正常儿童还是问题儿童、残障儿童、留守儿童，无论他们来自外地家庭、贫困家庭还是不完整家庭，同在一个班级里学习，老师就要做到一视同仁，不偏向优生，不歧视潜能生。公平、公正分享教育教学资源，不让一个学生掉队。

二是促进全面发展。小学推进素质教育，培养学生的动手能力与创新思维，培植核心素养，促进小学生德智体美劳全面发展。语言文字的学习是基础学科的基础，语文学科是中考、高考的必考科目，相当重要，但是语文课程不是小学生成长的全部知识养料。作为语文教师要夯实小学生的语言文字基础，不主张偏科，积极引领小学生文理融合，坚实打牢各科基础，着力小学生的全面发展。

三是关注民办学校。在改革开放的大潮引领下，乡村人口向县镇流动，县镇人口向城市拥挤，城市人口向北、上、广、深大都市会聚。随着我国城市化、现代化、高科技的发展，城市公办中小学校建设的体量、速度逐渐跟不上人口流动的步伐；本着为国家分忧，为人民解困的精神，一些民办中小学应运而生。民办学校在教育资源、师资配备、教育质量等方面都不如公立学校。彰显民族大义，促进教育公平，立德树人，面对现实，必须成立公办、民办学习成长的命运共同体。

多年来，到山区、边远学校送课，智力帮扶，我一马当先。近

年来，到民办学校听课评课、挂职锻炼，我义不容辞。用心倾听民办学校的心声，与他们同甘苦、共成长，是立德树人的重要表现。

为此，本篇除了阅读国学经典文章外，我特意选登了自己到坪山区华明星民办学校挂职工作的文章。通过几个学期的挂职，听课、评课，我收获良多，华明星学校的领导班子、教师队伍、校本课程、学生社团都给我留下了深刻的印象，他们热情、乐观、创新，百折不挠、孜孜以求、奋发向上。"聚时一团火，散开满天星"，民办学校在义务教育的天空中熠熠生辉，愿读者与我有所感悟共鸣。

五、用心求真务实

在教育格言中，我最喜欢的是这句话："捧着一颗心来，不带半根草去。"这是陶行知老先生的话。教育者是无私的、纯真的、阳光的、朴实的、文雅的。作为老师，只要站在讲台上，就应当进入忘我的境界。三十多年来，我立德树人，严格遵守教师职业道德，全心全意热爱学生，诚心诚意关爱同事，真心真意挚爱语文教学。既是孩子们心里"最受欢迎的老师"，又是同事们眼中善良宽容的"朋友"，更是家人们认为的"不知疲倦的工作机器"。我始终秉持求真务实，积极开拓创新，多次被评为省、市、校"优秀中小学德育教师""优秀教育工作者""最受欢迎的老师"等。

2014年9月，我来到一所成立不久的新学校——深圳市坪山同心外国语学校工作，任教务处主任。我从一个小县城来到深圳大都市工作，一切都从零开始，小到一张课表、时间表的制定，大到学校整体教学质量的提高，亲力亲为，有时为了学校的各种制度、材料

的汇报通宵达旦。春华秋实几十载，收获了许多荣誉。2015年，我被深圳市基础教育系统录入名师榜；同年，被评为深圳市坪山新区高层次人才。

面向未来，"路漫漫其修远兮，吾将上下而求索"，用心求真务实，立德树人前行，走进新征程，创新再出发。

向下扎根，夯实国学经典教育

向下扎根，以大爱筑基弘扬孝善文化，滋养民族情怀，培育中华栋梁，是我们教育的理念。我们中华民族有着五千年悠久历史，文化底蕴博大精深，灿烂瑰丽的传统文化为华夏子孙留下了极其珍贵的历史遗产。经典文学作品是华夏文化的艺术奇葩，唐诗宋词集思想美、语言美、艺术美为一体，经文典故浓缩人文科学、自然科学智慧的结晶，蕴含常理、常道，教导人生常则常行，朗朗上口、音韵无穷、意境无尽。经典文学作品兼跨德育、智育、美育三大范畴，闪烁着中华民族特有精神基因，它曾孕育出无数中华英才、千古风流人物，他们使中华文化屹立于世界文化之林。

国学精粹已经引起了很多有识之士的重视，甚至很多外国的教育研究机构都在潜心探研中国的古典文学。作为炎黄子孙，我们更应该在现代文化中继承和弘扬传统国学文化，又怎能弃之如敝屣呢？

我们的教育工作者早已认识到这一严峻的教育形势，为了让青少年更多地了解祖国的古典文化，教育部最新颁布的《义务教育语文课程标准（2022年版）》（以下简称《语文课程标准》）明确指出，九年课外阅读总量应在100万字以上，背诵至少60首古诗。

要提高学生的语文素养，丰富学生的语言积累，这是当前小学语文教学不容忽视的一个重要问题。"熟读唐诗三百首，不会吟诗也会吟"，的确，只有语言积累达到一定程度才可能文思如涌，笔下生花，出口成章。

一、营造氛围

我们都晓得"近朱者赤，近墨者黑"的道理，我们的孩子若生活在一个书的世界、书的海洋里，耳之所闻，皆是书声；目之所及，皆是书影，自然也会在潜移默化中对书产生感情。

（一）建设书香学校

苏霍姆林斯基说："一所学校可以什么都没有，只要有了为教师和学生精神成长而提供的图书，那就是学校了。"由此可见，教育首先意味着读书。要读书，首先要建设书香学校。学校的图书馆、阅览室应随时向学生开放；教室里设有小书柜、图书角，学生可随看随取；教室、校园的墙壁上、宣传栏里，张贴着经典名句、读书格言、古诗词、手抄报、精彩习作等；课间，学校广播室里播放着"世界经典寓言故事""成语故事"；朗诵着《三字经》《唐诗三百首》等经典名作。学生一进入校门，就徜徉在经典中，沐浴在书香里……

（二）营造书香家庭

古人常说：书香门第。出身于书香门第的孩子大都知书达理。上学期，我在班级进行调查，发现爱读书的孩子，他们的家长大多喜欢读书看报。人们常说："家庭是孩子的第一所学校，父母是孩子的第一位老师。"由此可见，营造书香家庭对孩子的阅读欲望和阅读兴趣有着举足轻重的作用。如何营造书香家庭？父母可以在家里布置类

似幼儿园的读书角的空间，那儿有配合孩子身高的书架、坐垫。父母在固定的时间里陪孩子看书，让孩子养成阅读习惯。另外，家人要配合，在亲子共读的时候不要将电视打开，以免孩子分心。

二、精选诗文

《语文课程标准》要求一年级至六年级学生背诵古今优秀诗文160篇（段）首，七年级至九年级学生背诵80篇（段）首，合计240篇（段）首，可由校本教材开发者和任课教师补充推荐。在这样的背景下，为了便于不同年龄、不同年级的学生诵读，我与同行们共同讨论、修改，拟定了以下的诵读内容作为校本诵读教材。

一年级：《三字经》。

二年级：《弟子规》《孝经》《小学生必背古诗80首》。

三年级：《弟子规》《诗词名句鉴赏》。

四年级：《弟子规》、《增广贤文》（删节）、《千字文》。

五年级：《幼学琼林》《大学》《中庸》《论语》。

六年级：《论语》《道德经》《古诗词名言警句》。

另外，在教学中，学校要求教师适当增加一些古今中外的经典美文作为诵读内容。

三、遵循原则

开展经典诗文诵读活动，学生背诵量的积累是基础。在传统的教学观念中，学生不但要能背诵经典诗文，还要逐字逐句地背诵释义，这样一来，严重地降低了学生的学习兴趣。所以，我们认为，在诵读活动中，有必要遵循"诵读为本，不求甚解"的原则。"好

书不厌百回读，熟读深思子自知""读书百遍，其义自见""读书破万卷，下笔如有神"，这些古语分别从深度和广度上强调量的积累的重要性：只有熟读，才能自悟其义；只有广读，博采众家之长，才能下笔如有神。中华经典诗文艺术力量充沛，描写细致，语言精练，抒情写物生动活泼，吟诵熟透以后，高尚情操，美妙表现，不知不觉就能转化为自己的认知和能量，随时由自己运用，不必临渴掘井，搜索枯肠，郑板桥就有这样的体验："倘能背诵如流，则下笔思潮汹涌，不患枯涩矣。"因此，在小学阶段，开展古诗文诵读活动时，无须面面俱到地进行分析、讲解，只要能初步理解大意或一些名言警句的含义就行，但也并不反对个别学有余力的学生对某些经典诗文做一些较为深入的了解和研究。这就是所谓的"诵读为本，不求甚解"的原则。

四、精心指导

汉语是世界上最富有表现力的语言之一，具有思想美、意境美、节奏美、音韵美等特点，教师要注意引导每一位学生都能喜欢阅读积累。小学语文中的课文，大多是名作，语言堪称典范。在语文教学中，教师要建立开放式的语文教学理念，运用现代化的教育理念，将中华经典诗文融入其中，设计生动的诵读课堂，指导学生诵读诗词和名著的方法，引导学生将方法自觉地运用于经典诵读之中。如在学习写景的文章时，教师用形象的语言描绘情境，让学生展开想象的翅膀，感受意境之美；学习写人记事的文章要指导学生品读重点语句，学习思想品质，感悟事理之美，体会人物的心境，感知人物的形象美。学生在阅读与思考中感知到美、欣赏到美、领

悟到美，便会有积累的兴趣。赏识学生的点滴进步，使学生体会到其中的乐趣，期待更多的课外积累。

五、活动激趣

丰富多彩的活动是学生永远不变的爱好，让学生感到成功的喜悦，是培养积累兴趣的有效方法。比如上课前利用两分钟朗诵一类成语或古诗；每天早上让学生按座位顺序朗读课外阅读的精彩片段或成语故事，每人一次；每周举行一次专题比赛活动，如诗歌朗诵会、古诗对答赛等；课外做接龙比赛、拉手诵诗词等积累游戏；每月出一期积累月报；每学期整理一次自己的"采蜜"本。设立词汇百宝箱：要求学生将自己每天收集的美词、佳句写上自己的名字投入教室一角的"词汇百宝箱"，每周抽奖一次，这样学生都纷纷去阅读课外书，千方百计地找出自己认为最佳的词句。争夺积累之星：学生背一首古诗、积累一类好词、说一个成语故事、推荐一句俗语谚语名言警句、提前背诵课文等奖励一个成语小卡片，期末凭成语小卡片可以向家长要物质奖励；可评选五位一周内成语积累最多的学生为积累之星。在物质奖励的刺激下，尝到比一比的乐趣后，积累成了一种流行时尚，学生就能主动积累了。打擂台：定期进行师与生、生与生、组与组成语接龙、背诵古诗、民间故事、座右铭、历史故事、童话表演比赛等积累比赛。平时在交谈、发言、作文中，对学生的好词好句都予以充分的肯定。将"优美词句共赏析"作为手抄报的内容等。

国学经典为学生带来了一片生机，它时时唤起学生创造的灵性，奏响学生心中诗文的琴弦，丰富着小学生的语言积累，提高了学生的文化品位、审美情趣与文化底蕴。

经典阅读，深扎民族文化之根

一所外国语学校，如何传承民族文化，为未来的国际大都市人们的成长，深深扎下中华民族传统文化之根？我想，根深才能叶茂，无根之木，不可能有旺盛的生命力，不可能成为国家的栋梁。因此，为学生的终身幸福奠基，有效优质地在外国语学校开展国学经典阅读，势在必行。

"学校一切活动皆课程"，我们学校蕴含大爱教育理念的课程主张为：向下扎根，以大爱筑基弘扬孝善文化，滋养民族情怀，培育中华栋梁；朝上茂盛，与世界接轨，打造特色课程，建设幸福校园，绽放国际英才。这一主张为我们推进国学经典阅读活动提供了有力的理论支撑。

班级教室是教育生态最基本的时空载体。我校要求用双语、师生书法作品，书写国学名言警句，励志导行，同时还要营造浓郁的国学经典氛围。教室里设有陈列国学经典书籍的小书柜、图书角，学生可随看随取。各个班级经常组织国学经典口袋书、成语故事会、手抄报制作展示，丰富师生的民族情怀与国学底蕴。腹有诗书气自华，目前，我校师生身上不仅具有多元文化的绅士淑女气质，

也展现出中华文化长期浸染而成的君子才女风采。定期评选国学书香班级也是我校推进国学经典阅读的一个有力举措。

诵读为本，不求甚解。我们要求师生做国学经典阅读笔记，定期举办交流会进行经验分享。国学经典中，优美的词句，恰当的比喻、拟人、象征、夸张等写作手法，大大提高了小学生的写作能力。

滋养童心，潜移默化。中华文化博大精深，国学经典浩如烟海。阅读与走进国学经典，缩短时空差，滋养童心，潜移默化。一是与热爱祖国、家乡、自然风光相结合。一径竹阴云满地，半帘花影月笼纱，这是北京颐和园月波楼的景色；四面荷花三面柳，一城山色半城湖，这是山东济南大明湖的风光；清风明月本无价，近水远山皆有情，这是苏州沧浪亭的写照。可谓山河壮丽，气象万千。二是与崇敬民族英雄，增进民族自豪感相结合。苏东坡的大江东去、岳飞的八千里路云和月、文天祥的山河破碎风飘絮，令吟咏者荡气回肠，激情满怀。三是剔除糟粕与吸收精华相结合。《三字经》《论语》《二十四孝》故事，有其封建迷信成分。我们要对其展开讨论，吸纳精华，做到潜移默化，滋养童心。

丰富多彩的活动是学生永远不变的爱好，我们坪外在有序、有趣、有层的经典阅读活动中让学生体验到成功的喜悦。在活动的时间安排上，每天、每周、每月、每学期活动有序。活动形式上有趣，注重平时积累，定时展示，尝试中华古诗故事改写、续写展示，经典唐诗、宋词诗配画动漫创意等多种形式，激发学生感悟国学经典，传承中华文化的乐趣。活动主题有层，根据学生的年龄特征，学校倡导班级国学经典主题活动、低中高年级主题活动、校级大型主题活动，循序渐进，分层阅读，统一评核。

　　国学经典为学生学习带来了一片生机与活力，它时时唤起学生创造的灵性与爱国情怀，奏响了学生心中诗文的琴弦，丰富了小学生的语言积累，提高了学生的写作能力、文化品位、审美情趣与中华文化底蕴；提升了师生的民族自信心、自豪感，向下扎根，向上茂盛，国学经典阅读开辟了立德树人的良好途径。

浓浓书香，芬芳友谊

——坪山同心外国语学校结对帮扶工作侧记

坪山同心外国语学校与华明星学校于2018年8月13日举行结对帮扶启动仪式，这是自坪山区教育局8月10日举行公民办学校结对帮扶签约仪式后，首批将结对帮扶落到实处的公民办学校。紧接着，坪山外国语学校又陆续与精致实验学校、景园外国语学校签订了结对帮扶协议，结对帮扶工作扎实有效展开。

为取得帮扶实效，结对帮扶过程中，在查找不足、对症下药的同时，双方学校不断寻找契合点。在2019年深圳市读书月活动中，坪山同心外国语学校就与华明星学校不谋而合，共同举办了以"书香润泽心灵，阅读启迪人生"为主题的"悦读节"活动。通过该活动，华明星学校师生把在读书中遇到的困惑，与同心外国语学校的师生共同探讨，老师们群策群力，提出了许多不同的见解。

在阅读教学中，坪外李老师打破常规，将课堂搬到了大自然，在与大自然的融合中，感受秋天的气息，花草与泥土的芬芳，落叶的嫣然。参与观摩学习的华明星学校林老师深受启发，带领明星班

的学生一起参与朗读。

正是此机缘巧合，让两个喜欢阅读的学生结为知己。他们沉浸在阅读中，恰有当年子期闻琴于伯牙，高山流水之感。

两校学生对于阅读的喜欢，也激发了双方教师们交流的热忱，不断为学生搭建多样化竞技平台。在一次语文节目比赛中，小华和同学表演的《孔雀东南飞》与小童和同学表演的《声律启蒙》节目，双双获得好评，也因为这样的活动，更加深了两位同学间的友谊。

知己之间，可咫尺，可天涯。相知相惜的情谊是缠绵于曲径通幽处的芬芳，纵然巷深，难掩其醇。两个孩子之间的交流，犹如微风吹皱一池春水，泛起阵阵涟漪，带动了两校的阅读氛围，校园处处可看到孩子们的"悦"读身影……

坪外与华明星学校的"悦读"联姻，打开了两校之间阅读教学的创新之门，也为结对帮扶找到了落脚点，相信在双方学校的共同努力下，结对帮扶工作一定会行稳致远。

深度帮扶，共同进步

为落实区教育局公办学校深度帮扶民办学校质量提升和共同发展行动。2018年8月中旬，我校分别与坪山华明星学校、坪山精致实验学校、景园外国语学校签订结对帮扶协议。一学期来，我们深度帮扶，共同进步。

一、高度重视，特级教师领衔帮扶

我校成立了帮扶工作领导小组，由邢向钊校长亲自担任领导小组组长，负责统筹帮扶工作。刘斌副校长、亓培育校长助理为副组长，协助校长做好帮扶项目顶层规划。学校选派特级教师、学术委员会陈碧军、赖丽萍到结对民办学校任驻点学术副校长，负责协助华明星学校、精致实验学校的教学管理工作。两位学术副校长在日常的工作中，积极参与民办学校的教学常规管理工作，与民办学校的领导、教师一起探讨提升教育教学质量的办法，为教师、学生提供优质的教学服务。

二、精密谋划，共促共建提升质量

为切实落实好本次帮扶工作，我校建立帮扶名师库，成员由特级教师、高层次人才、各学科骨干教师组成。采用名师送教、名师讲座、听课评课、专题研究等形式，全面提升民办学校教师教育教学专业水平，指导教师队伍建设，同时，吸纳民办学校教师加入我校名师工作室，参加名师工作室各项教育科研活动。开展师资全员培训，民办学校教师跟岗学习，课题、专题带动，提升民办学校教师的科研能力，实现民办学校教师专业培育全覆盖。并建立民办学校双科组长制、小一和初一双备课组长制，实施联合授课，联合备考，帮助提高教学质量。

本学期，我校陈碧军、赖丽萍两位特级教师作为驻点学术副校长，分别在三所民办学校进行定期的指导，每周深入各学科教师的课堂教学，与他们一起听课、评课，加强常规教学管理，适时掌握民办学校老师的教情、学情，有的放矢地指导教学。她们还亲自送教到学校，为教师上示范课、开培训讲座共10多次。

三、专业引领，师资培育全面覆盖

（一）入民办学校开展师资全员培训

我校在开学之初，组织了对民办学校教师的全员培训，分别邀请了坪外的优秀教师陈俊林、优秀班主任陈慧君与华明星学校的教师一起进行更新教育理念，提升教育教学专业技能的培训。还组织了一年级、七年级、九年级等各学科备课组组长共20多人次，分别到结对民办学校开展培训、研讨活动。

本学期末，坪外的心理学科团队走进华明星学校，为该校九年级学生做舒心、减压训练，针对毕业班学生面对压力，出现焦虑等现状，为该校心理辅导活动的开展提供了一次很好的实操培训。

（二）民办校教师跟岗学习

在本学期的第8～15周，坪外举行了小学语文、数学、英语各学科的课堂教学比赛，邀请了华明星学校、精致实验学校、景园外国语学校一线教师，他们分期分批到我校观摩学习。在观摩中，坪外教师们开放的课堂模式、实用有效的教学设计、学生的自信善言、学习的积极投入、学生管理的自主有序都让听课的教师们深表赞许。他们纷纷表示，通过学习，深深感觉到以学生为主的课堂才会充满生机与活力。

四、授课备考，共同提高教学质量

（一）建立双科组长制、小一和初一双备课组长制，实施联合授课

华明星学校实行全校双科组长制，我校全部学科的学科主任兼任华明星学校的学科组长。初一和小一各学科实行双备课组长制，我校初一和小一各学科的备课组长同时兼任华明星学校的备课组长，通过集体备课交流，实现资源共享，确保课程设置、课程实施、教学评价与学生学业水平评价的方法优质统一。

（二）联合备考，提升教学质量

本学期，我校与三所民办学校进行了期中考试的联合备考，统一命制试题、统一考试方式、统一阅卷方式、统一质量分析。这一举措，牢牢树立了以"教学为中心，以质量为生命"的教育理念，

促进了公民办学校实现优质、均衡发展。

五、搭建平台，开展丰富多彩的活动

本学期，我校与华明星学校举办了丰富多彩的活动，如开展篮球比赛，大大增进了两校老师之间的了解与友谊；以深圳市2018年第十九届读书活动为契机，联合举办了以"书香润泽心灵，阅读启迪人生"为主题的"悦读节"活动。通过该活动，营造积极向上、书香四溢的校园文化氛围，激发师生读书的兴趣，展示了同学们阅读与实践的成果，为师生们搭建阅读交流的平台。并推动了两校书香校园文化建设的进程，彰显了两校的办学特色。

我校深度帮扶民办学校质量提升和共同发展行动，构建起区域优质公办学校教育资源与民办学校共建共享模式，真正切实地把帮扶工作落到了实处。本学期，我们在结对帮扶工作中，认真总结，定期印制了结对帮扶简报，录制了一辑专题片。帮扶效果受到广大民办学校师生、家长的热烈欢迎和普遍赞誉。公办学校帮扶民办学校的这种方式，推动了义务教育公平发展、均衡发展、优质发展，为我们坪山区的教育改革注入了新的活力，助推了坪山教育水平的综合提升。

在坪山区义务教育质量提升三年行动计划中，我们将通过开展教育质量管理、学生素养培养、教师专业发展、课堂教学改革、教育科研提升、家校社区合作等行动，坚持深度帮扶，共同进步。

从心出发，幸福成长

——从教三十多年简要回顾

习近平总书记对幸福有一句精辟的论述："幸福都是奋斗出来的。"人民教育家陶行知说"捧着一颗心来，不带半棵草去"，教书育人"爱满天下"。在多年的教育教学生涯中，我生命不息，奋斗不止，追求美好的未来。现回顾如下：实现了职业幸福的愿景；党和人民给了我很多荣誉，佐证了我的幸福成长；在学生心中埋下了终身幸福的种子，兑现了我的幸福成长；我周边的许多年轻教师快乐工作、学习，延续了我的幸福成长。

回望三十多年的教育教学生涯，我认为幸福是一种内心感悟，一种人生态度，一种理想追求。从广西壮族自治区到广东，距离不远，跨度很大。带着桂香和泥土的芬芳，我一路走来，始终以共产党员的标准严格要求自己，以人民教师的操守不断衡量自己，以广西壮族自治区大山的厚重持续丰富自己，以广东大海的深远努力涵养自己，坚守讲台三十余载，敬业爱岗，立德树人，无问西东。每一项工作，每一个岗位，从心出发，全力以赴，付出了青春年华，自己也收获了满满的幸福感。

1988年6月，我毕业于广西壮族自治区平南县教师进修学校，成为一名光荣的人民教师。从教三十多年来，我一直严格要求自己，在教育教学工作中，努力做家长、同事的知心人，做学生知识海洋远航的摆渡人、幸福人生的引路人，争当教书育人的楷模。我深深懂得，没有付出就没有收获，用力方能合格，用情才能优秀，用心才能成长。所以，我一直以实际行动，默默诠释着一名教育工作者对"工匠精神"的理解和追求，倾注着当"大国良师"的激情与精力，不断追梦成长，回报党和人民对我的厚爱与期盼。

一、甘于奉献，获得多项荣誉

1988年7月，我中师毕业后走上三尺讲台，1999年2月加入中国共产党。工作三十多年来，无论是作为小学语文教师，还是在中层管理岗位，我尽心尽力，不计得失，甘于奉献。

当班主任全心全意尽职尽责，语文教学千锤百炼精益求精，常

常是"家访踩弯天边月，备课迎来启明星"。做学校中层领导、到山区学校支教，岗位角色变换不计较得失，不离课堂教学讲课听课评课，不问条件是否艰苦，无论什么工作都踏踏实实做事，坦坦荡荡为人，努力、务实的工作态度得到了同事与上级行政与业务部门的一致认可与赞同，于2012年获评广西壮族自治区"特级教师"、广西壮族自治区优秀教师称号，三记个人二等功，获得省、市级的荣誉多达80多项；后来我到深圳工作，同样严格遵守教师职业道德，立德树人，热爱学生，关爱同事。既是孩子们心里"最受欢迎的老师"，又是同事们眼中善良宽容的"朋友"，多次被评为市、区、校"优秀中小学德育教师""优秀教育工作者""最受欢迎的老师"等，收获了许多荣誉。

二、课题探究，收获累累硕果

2008年9月—2014年6月，我担任一个班的语文教学工作，并兼任小学语文教研员一职。我经常深入课堂，听课、评课，也经常参加执教省一级的研讨课、公开课活动。针对当时小学语文教学中的一些困惑，我俯下身来做研究，为教师们的教学做出自己应有的奉献。

我在长期的课堂教学中，打磨与形成一个相对固定的、充满鲜明个性特色的教学模式。对小学中低段的教学，进行了小学字理教学的课题研究，在阅读教学中巧妙地运用字理析词，通过字理识字、析词，由点及面、由词到句、由句到篇，让学生轻松地识字写字、遣词造句，深入浅出地解读文本，并能渗透思想教育，实现教学目标，优化教学效果，弘扬祖国的汉字文化。从2008年开始，通过五年的字理教学课题研究，我带的实验班在2013年参加全县小升初的考试中，就有7人考上了县重点学校，占了全镇的一大半。

2013年10月，我参加广西壮族自治区"作文复述训练课题研究"，作为全镇语文辅导员，带领团队，全镇16所学校的语文教师，深入研讨，进行作文讲座，上课听课，征集意见，汲取智慧，取得优秀的成绩，使全镇作文教学的天空为之一亮，影响所及，教师人人能学，学生人人能写，吸引了广西壮族自治区和广东许多学校的教师参加学习。学生听说读写综合训练一体化，自己则科研、教学双丰收。

工作之余，我总会挤出时间学习国内外最新的教育教学方法和理念，对照自身的教学实践进行反思和总结，并形成了文字成果，留下了幸福的成长足迹。近年来，我撰写的《小学生心理辅导之点滴》《守住语文的"根"》《诵读国学经典，传承中华文化》等论文分别在全国中文核心期刊《小学教学参考》上刊登。2017年10月，我的论文《外国语学校如何在国学经典阅读中深扎民族文化之根》在《中学课程辅导》省级教育杂志上发表。2013年，我参与编写了《小学作文复述训练教学精品教案》《走在作文教学的七彩阳光大道上》两本论著，通过漓江出版社出版发行。2016年，我参与编写了深圳市坪山同心外国语学校的《中小学综合素养评价手册》《中小学暑假特色作业》等校本教材。点点文字深深情，科研探路不仅是促进自己的幸福成长，更为其他教师优化教育教学注入正能量，让大家共享自己的研究成果。

三、示范引路，注重薪火相传

自2008年9月起，我担任学校中层领导工作。我在教科研管理岗位上，力争成为专业的'领头羊"，引领全校教师积极进行各项教学教研改革，每学期组织开展听评课活动达90节次以上，悉心指导授课教师的课堂教学，反复重构教学设计、调整教学思路、打磨完善教学环节，更新教育教学方式，在国家新课程改革实践中，主动尝试上各种公开课、示范引路课，向全省、市展示了一批以学定教、开放创新的"现代课堂精品课"。

到坪山同心外国语学校工作以后，在祖国改革开放的前沿，一切重新开始，我从心出发，不改朴实纯正的教学风格，尤其注重薪火相传，开讲座，带徒弟，探究学有优教校本小课题，成立名师工作室，上创新引路课……多渠道对青年教师进行专业引领，如2015—2016年，分别辅导青年教师吕青青老师参加深圳市坪山新区小学语文现场教学设计比赛，获二等奖；李秋慧老师参加深圳市坪山新区小学语文教学朗诵比赛，获一等奖；张亮老师在教师"朗诵比赛"中获坪山新区特等奖、深圳市一等奖。

四、扶贫支教，爱心辐射远方

早在2007年3月，我时任广西壮族自治区贵港市平南镇中心小学语文辅导员，响应上级号召到偏远、贫困的平山镇支教。支教的学校生源百分之八十以上是留守儿童。学生从小缺乏父母的爱，大多数学生老实纯朴，情绪低沉压抑的较多，不善于与外界交流，但是智力程度不比其他县镇学生差。我一手抓课堂教学，深入浅出打基

础，尽快提高课堂教学质量；一手抓心理健康教育，讲述学生父母打工历程的艰辛与对城市的奉献，唤起学生对父母的理解与亲情。为了深入了解留守儿童，节假日我放弃了回家的机会，每天吃、住在学校，披星戴月家访每一个学生家庭，尽最大可能在经济上资助贫困的学生，给他们送鞋、送衣。在支教期间，我带领学校教师、学生，把这个偏居一隅的学校办得有声有色，焕然一新。2009年6月，我被评为市级先进支教工作者。

在深圳坪山同心外国语学校工作期间，我积极参与外地山区支教，到兄弟学校开展送课开讲座等活动。近三年，新冠肺炎疫情挡不住我们优质均衡发展义务教育的热情与信心，我挂职本区华明星学校（民办学校）副校长，毫不保留地奉献自己的经验与科研成果，为该校的教育教学质量提升，素质教育打造做出应有贡献。挂职时间结束后，友好往来仍不断，华明星学校成为我幸福成长的第二平台。

五、挑战自我，实现人生价值

2014年9月经过选聘，我来到深圳市坪山同心外国语学校工作，任教务处主任。爱在同心，重新出发。这是一所新办的公立学校，一切都需从零开始，从一个小县城来到深圳大都市工作，其中的困难不是一般人可以想象的。小到一张课表、时间表的制定，大到学校整体教学质量的提高，我亲力亲为，有时还为了学校的各种制度、材料的汇报废寝忘食、通宵达旦。几年来，在这片土地上开垦、播种、耕耘……学校教学科研成果成绩斐然：有61名教师在省、市、区级各类比赛中获奖，其中1节部级优课、3名省级获奖。

2017年学校的中考元年取得了好成绩，在147名参加考试的学生中，有陈焕昱、马俊杰、周骏宇、郭诗阳、胡钦宁等学生，分别考上了深圳实验中学、深圳高级中学、红岭中学、翠园中学等市"八大名校"，其中2人考入了"四大名校"。

用心工作，倾情奉献，幸福成长。我被深圳市基础教育系统录入名师榜；同年，被评为深圳市坪山新区高层次人才。2012年、2013年连续两年，在广西壮族自治区经过全自治区遴选，我参加了"国培计划——中小学骨干教师研修班"学习。通过学习，我既有观念上的洗礼，也有理论上的提高，既有知识上的积淀，也有教学技艺上的增长。我更加明白了一位特级教师该有怎样的精神状态，在当前中国教育不断改革的形势下如何踏踏实实做一位教书育人的"明师"，如何去提升自己的素养、境界，如何在自己的岗位上用心用力用情做好每一件事情。

拼搏三十载，白发知多少，爱在园池中，青春永不老。

北师大肖川教授有一句话："有心的地方，就会有发现；有发现的地方，就会有欣赏；有欣赏的地方，就会有美和欢乐。"如果说，用力只能合格，那么，在立德树人上用心，在创新改革中用情，幸福成长，你就会成为一位示范前行的"大国良师"。

（注：本文部分资料参考2019年9月同心外国语学校办公室提供的陈碧军老师参评区教书育人楷模评选申报材料）

第二篇

教书育人

教书育人、课堂教学是学校教育的中心工作，教学质量是学校的生命线，课堂教室是师生营造幸福学习生活的主场。

教学在学校各项工作中居于中心地位。学校要卓有成效地实施素质教育，达成培养目标，造就合格人才，就必须以教学为主，并围绕教学这个中心安排其他工作，建立学校的正常秩序。教学是严密组织起来的传授系统知识、促进学生可持续发展的最有效的形式，是进行全面发展教育、实现培养目标的基本途径，是营造绿色教育生态的主要渠道。离开教学，学校立德树人、教书育人将无从谈起。

教书育人，在童心世界里创造，教师必须把学生需求放在心里，必须把学生的位置放在教室的中心，必须做小学生的大朋友。三十三年来，从广西壮族自治区到广东，从乡镇到城市，从青年到壮年，我的职业生涯没有离开过课堂，没有脱离教学第一线，没有离开学生的视野。倾听课堂花开的声音，我与学生一起成长。

教书育人，课堂语文学习，必须依标（课程标准）扣本（语文课本教材）。课外阅读离不开中外经典名著。教书育人，知行统一，正如周恩来总理所说"与有肝胆人共事，从无字句处读书"，学习必须结合社会生活。

教书育人，老生常谈，常谈常新；教书育人，分享快乐，乐在其中。本篇通过选编的四篇课例，浅说几点收获。选登的这四篇文章，从时空跨度上看，涵盖中国、外国，古代、现代，很有典型意义；从文体学习上看，有两篇是单篇课文教学设计，有一篇是整本书阅读的设计，一篇为古诗词复习专题设计；从主题、内容上看，

关联人与自我、人与自然、人与历史、人与社会、人与文化多个层面。

一、细节演绎精彩

走进中国文学宝库，清代的小说堪称经典，在世界文学宝库中，中国小说《三国演义》《红楼梦》《西游记》《水浒传》等名著，章回体独树一帜，含诗词韵律，有艺术美感。与西方一些文学大家作品相比，我国古代小说注重结构大开大合，受中华诗词影响，故事往往跳跃式递进情节，心理、行为等细节描写相对不够细腻。《两茎灯草》课文选目清代吴敬梓的《儒林外史》，以前是人教版五年级下册一篇课文，原课题叫《临死前的严监生》，细节描写令人拍案叫绝，现在重新被统编教材选入五年级下册。传承中华文化，阅读国学经典，除了四大名著、古诗词外，《两茎灯草》这篇误文的典型性和文学性价值都极高。

在人死灯灭临危之际，我国古人在想什么，做什么？给后人留下了什么财富？《两茎灯草》的教学，给出了我们答案。

（一）从两根灯草，看一个人品德

家财万贯的严监生临死前念念不忘的，让他死不瞑目的竟是两根灯草。由此可见，这个监生平时的生活该是多么节俭，简直到吝啬的程度，与巴尔扎克的《欧也妮·葛朗台》相提并论也有过之而无不及。万贯家财是怎样积累的，难以想象。德行是优是劣，仁者见仁，智者见智，待后人评说。

（二）从两根手指，看人物群像

大侄子认为严监生临死前伸出两根手指念念不忘的是两位亲

人，毕竟临终死别，亲情难舍；二侄子认为严监生临死前伸出两根手指念念不忘的是两笔银子，无论是欠别人的，还是别人欠的，毕竟人将离世，债务要清；奶妈说两根指头是指二位舅爷；只有妻子赵氏最了解严监生的为人处事，认为两根手指指的是两根灯草。人物所想所言，合乎常理、身份，值得我们写作时借鉴。

（三）从两根灯草，看封建社会

让学生讨论两根灯草与万贯家财之间的关系；对于两根指头，亲人们为什么会有不同的解读？严监生临死之前为什么放不下两根灯草？放不下，说明了什么？生活之困苦？财富积累之艰辛？作者在讽刺什么？步步引申，步步深入，引导小学生感悟中华文化五千年的博大精深，感悟封建社会中华民族劳苦大众的苦难挣扎。

以小见大，以少胜多，以细出彩，确定话题，深入讨论，学生的作文能力会有明显提升，读《儒林外史》整本书的兴趣会更加浓厚。

二、对比表现情感

本篇收录的《"精彩极了"和"糟糕透了"》这一教学设计，是我2008年在广西壮族自治区工作时一节成功公开课的教案。《"精彩极了"和"糟糕透了"》课文作者是美国作家巴德·舒尔伯格。现在这篇课文保留在五年级教材里，与梁晓声的《慈母情深》、吴冠中的《父爱之舟》组成一个单元。这一课对于我们拓展国际视野，认同多元文化，掌握对比写作手法有很好的借鉴意义。

中外文章相通之处："文似看山不喜平"，文章有变化才好看、耐读、引趣、导思。从读写结合角度谈，《两茎灯草》重点引领学生抓细节动作反映人物性格，《"精彩极了"和"糟糕透

了"》主要通过语言对话表现人物情感。

（一）态度各异爱一致

七八岁的巴迪写诗，母亲兴奋夸奖"多美的诗啊！精彩极了"！父亲却说"这首诗糟糕透了"，一首诗，两种评价，两种态度，一个夸奖、一个贬低。谁说得对？作者在文章最后有了选择：两种声音"像两股风不断地向我吹来。我谨慎地把握住我生活的小船，使它不被哪一股风刮倒"。"这两个极端的断言有一个共同的出发点——那就是爱"。

（二）中外父母情相同

这一单元课文主要讲父母对孩子的爱。现在保留了梁晓声的《慈母情深》、新添了吴冠中的《父爱之舟》。慈母情深中的慈母辛苦劳作，孩子本来想与母亲要钱买一本小说《青年近卫军》，看到母亲辛劳，用买书的钱为母亲买了水果罐头；文章向读者展示了一位慈母的形象，也描写了一位孝顺与喜欢读书的孩子形象。在《父爱之舟》课文中，父母半夜劳作，倾其所有供孩子读书，孩子勤奋读书，考上理想学校，终有所成。大爱无言，老一辈对下一代的真情，世界各民族相通，虽表现形式不同，却各有文化印记。

（三）板书简洁明思路

板书是微型教案，对于学生学习是思维导图，对于教师讲课是流程提示。我一向主张板书工整、清晰，简洁而不简单，在黑板上写出揭示课文思想内涵、写作风格的关键词语，明确教者、编者的核心意图。在《"精彩极了"和"糟糕透了"》这一课板书设计中，我用了一个心形，把四个词框在图形中，上面一行：同一首诗；中间一行：鼓励、警告；下面一行：爱。简洁清晰，一目了然。

（四）学用结合练写作

课后，我还设计了多个与课文《"精彩极了"和"糟糕透了"》对话相似的例子，让学生感悟体会，理解"爱"的不同含义，再练习说、写、修改，真正把读写的知识转化为学生的作文能力。我们欣赏并提倡"简简单单教语文，扎扎实实练作文"的语文课堂教学。知行统一，学用结合的语文课堂，能让学生更有收获。

三、浏览昆虫王国

本篇收录的第三个教学设计是2016年10月，我到坪山同心外国语学校执教五年级公开课《昆虫记》整本书阅读的教学设计。《昆虫记》被誉为"昆虫的史诗"，是法国昆虫学家、文学家法布尔的名著。法布尔出生于1823年，在他的一生中，他花几十年时间专门观察、探究各种昆虫的习性，被誉为"昆虫诗人"。小学四年级有一篇课文《蟋蟀的住宅》，就是摘选自法布尔的《昆虫记》。爱玩、好奇，喜欢小昆虫、小动物是少年儿童的天性；到千变万化的自然王国中寻觅探幽，激发小学生与生态万物友好和谐相处，养成生态文明、生态环保行为习惯是坪山同心外国语学校的课程特色，也是新时期立德树人的一个基本要求。

（一）阅读昆虫王国

学而时习之，温故而知新。启发学生思考，我们学过一篇课文《蟋蟀的住宅》，作者是谁？蟋蟀的住宅是什么样的？蟋蟀的习性你了解多少？蟋蟀的住宅不怕暴雨、墙壁光滑、室内干燥，是"伟大的工程"；蟋蟀很勤劳，喜欢在平台上唱歌，冬天爱晒太阳。你们都读了作者的《昆虫记》，印象最深的是什么昆虫？它的习性是

什么？学生说，有"怕寒冷、繁殖力强的红蚂蚁""横着走路的蟹蛛""有穿着绿色外衣、体态优雅的螳螂""闪闪发着微光的萤火虫"……学生一个又一个的阅读心得汇报交流，教师一个又一个的网络影像镜头配合，把一只只可爱的昆虫展示在师生面前。

（二）学会观察思考

请把你在《昆虫记》中读到的拟人句、比喻句找出来与大家分享，你认为作者在你读到的作品中，几处最抒情，哪里最细微、最生动？板书设计：《昆虫记》作者法布尔，慧眼观察昆虫世界，妙笔谱写生命诗篇。作者笔触细腻，观察入微，作品中的昆虫活灵活现，呼之欲出。作者迷恋昆虫研究，曾经用自己的积蓄购买了一块荒地，专门用来放养昆虫，他对昆虫进行了长达三十年的观察，并写出《昆虫记》，揭开了昆虫世界许多神秘的面纱。我们认识任何事物，并写出高质量的文章，都要经过认真思考，细致观察，才能有优秀的成果。

（三）打造生态文明

《昆虫记》这一课写在教学设计中的教学难点是：通过欣赏精彩片段，体会语言文字的特点，感受昆虫世界的奇妙，体会作者对生命的尊重与热爱。由于公开课学生积极性高，这些预设的难点很快得以解决。我看到学生们意犹未尽，话锋一转，问道：昆虫以及动物、植物世界对于人类生活有无启迪？如蟋蟀的建筑。有！学生们纷纷举出一些仿生制品，飞机的形状像蜻蜓、蜂巢与高楼、蝙蝠与雷达、春蚕与体育馆……那么，我们与昆虫世界、自然万物友好相处，和谐共生，也是在保护人类自己，人人要做生态环保小达人，一起努力营造绿色生态。生态文明教育，水到渠成。

四、漫步诗意生活

本部分收录的第四篇教学设计是2019年5月，我教六年级毕业班语文的一个系列复习教学设计：《诗林漫步——小学毕业班语文古诗词专题复习课设计》。我国是诗词大国，古诗词在中华文坛、中华文化之中占有相当重要的地位。小学一年级到六年级语文教材中，收集了我国不同时代、不同风格的诗词作品近70首，堪称经典。唐诗宋词元曲，光彩夺目，丰富着中华儿女的精神世界，充盈着现代人的文化生活；屈原、李白、杜甫、白居易、王维、苏轼、陆游，一位位伟大诗人成为亿万炎黄子孙的崇拜对象，其作品成为民族文化的瑰宝。中华儿女传承中华文化，滋养中华情怀，必读中华诗词。

（一）学会归纳概括

首先，让学生交流分享记忆古诗的方法，教师课件出示古诗复习法：分类整理法、熟读成诵法、古诗吟唱法、理解记忆法等。其次，重点交流分类整理法：①诗词内容分类。写山水风景、写人物故事、写人物情感。②诗词作者分类。屈原、李白、杜甫、李清照、陆游、文天祥、龚自珍等。③诗词年代分类。春秋、唐、宋、清……④教材年段分类。低年级、中年级、高年级学过的诗词。⑤诗词体裁分类。七律、五言、词律、长短句……按照一定的逻辑、标准、方式归纳概括，自圆其说，方便记忆。最后，让学生说出自己感觉最便捷、最喜欢采用的归纳方式。

（二）学会欣赏佳作

引导学生背诵、讲解自己最喜欢的诗词全篇或名句，感悟与

分享古诗词中的真善美。你为什么喜欢？将自己的观点与大家进行分享，倡导争议，允许有不同声音。教师出示经典诗句，填空，释义，辅助学生强化记忆理解。师生一起归纳：诗中有画，画中有诗；诗中有情，情中有理；古代诗歌：诗言志、歌咏情。初步理解一切景语皆情语的表达方式，古人托物言志、借景抒情，情景交融，诗中的景、情、理融为一体，一幅幅美妙的画，一曲曲动听的歌，一首首感人的诗，千古绝唱，万丈光芒，让后人陶醉。

（三）学会诗意生活

归纳、概括，复习、总结，不仅仅是为了考试取得好成绩，更是为了让学生学会诗意生活，诵读写唱，古诗今用；传承中华文化，营造美好的诗和远方。有大江东去的豪迈，有小桥流水的委婉，有每逢佳节倍思亲的情感，有欲穷千里目、更上一层楼的胸怀……如诗如画，风月无边，心有阳光，打造人间最美丽的风景，吟诵生活最幸福的诗篇。

《两茎灯草》教学设计

《两茎灯草》以前是人教版五年级下册一篇课文，原课题叫《临死前的严监生》，现在重新被统编教材选入五年级下册，足以证明该篇的典型性和文学性极高。

【文本解读】

《两茎灯草》这个片段节选自《儒林外史》第五回，记叙了严监生临终前因灯盏里点了两茎灯草，伸着两根指头不断气，直到赵氏挑掉了一茎，才一命呜呼的故事。作者以充满讽刺的手笔对严监生临死前的动作、神态作了细致的刻画，在读者面前展现了一个活生生的吝啬鬼形象，可谓是人物描写的经典之作，较之巴尔扎克的《欧也妮·葛朗台》也有过之而无不及。

通过查阅单元导读不难发现，"字里行间众生相，大千世界你我他"。提出了要了解每一个人的特点必须在文章的字里行间进行挖掘和提炼。语文素养体现得比较明显的应该是学习描写人物的基本方法。然而对于五年级的学生来说光讲方法似乎有些干瘪，就像久旱的秧苗，缺少了甘霖的滋润就会显得不那么润泽和新鲜。于

是，我改变了以往重方法而轻感悟的教法，重在让学生通过品读咀嚼，从而学习作者的写作方法。

【学习目标】

1.认识"嘎""绊""揩"等12个生字，会写"跤""搂""咙"等15个生字，能正确读写"侄儿""穿梭""郎中"等词语，理解白话文用词的古今异义。

2.正确、流利地朗读课文，在品读中感受严监生这个鲜活的人物形象。

3.理解课文内容，学习作者抓住人物的动作细节刻画人物的方法。利用课文留下的空白，补充人物的心理活动。

4.激发学生阅读中外名著的兴趣。

【学习重难点】

感悟人物特点，学习写作方法。

【教学过程】

（一）导入新课

导入：同学们，在我国古典文学中有许多经典的作品，在这些经典的作品中又有许多经典的人物形象。今天，我们就来认识一部经典作品中的经典人物。出示课题：《两茎灯草》，并读课题。

课文中的主要人物是严监生，"监"的另一个读音是什么？怎么用？

理解"监生"的意思。[出示关于"监生"的解释资料：明清两代在国子监（封建时代国家最高学校）读书或取得进国子监读书资格的人为监生。清代可以用捐纳的方式取得这种称号。]

（二）检查预习

师：临死前的严监生为了节省一茎灯草却断不了气，同学们知道当时他的家境吗？请把你课外收集的资料和大家一起分享。

生：当时他是个大户人家，很有钱，用人多，在乡下还有田地……

（出示PPT：他家有十多万两银子。钱过百斗，米烂陈仓，僮仆成群，牛马成行。良田万亩，铺面二十多间，经营典当，每天收入少有几百两银子。——节选自《儒林外史》）

师：对！用"家财万贯"来形容严监生一点也不为过。我们设想，一般情况下，这样有钱的人，在临死前会怎么做？

（学生交流。）

师：就是这样一个有钱的财主，在临死前表现出了非同一般的举止，这究竟是怎么回事呢？就让我们一起来学习——《两茎灯草》。（生齐读课题。）

设计意图：借用资料介绍严监生，对学生感知人物形象——吝啬，有很好的铺垫作用。

过渡：老师布置大家另外几道预习作业，都预习了吧？下面老师检查一下大家的预习情况。

师：（出示词语PPT）文中有这些新词，大家读一读，理解哪一个词语的意思，就说出来和其他同学分享。

教师检查学习12个会认的生字和15个会写的生字预习情况。

学生活动：用简要的话，概括课文主要内容。

小结：大家课外预习很认真，这几项学习任务完成得很好，接下来，我们细读课文，感受人物的特点。

设计意图：在读中理解词语，让学生如身临其境，与文本产生共鸣。同时训练学生的概括能力，把握课文主要内容。

（三）细读，理解，感悟人物特点

师：快速默读课文，看看临死前的严监生究竟是怎样的。在文中把描写他病重的句子画下来。

（找一两位学生把描写他病重的句子读一读，体会一下，说说你的感悟。）

师：文中"一日重似一日"——你还知道用哪些词来形容？

（词语积累：病入膏肓、危在旦夕、奄奄一息……）

设计意图：通过唤醒学生的记忆，打开词汇仓库，这样既能帮助学生积累丰富的词汇，又可以使学生迅速地领会词义。

师：他的病为什么会这么重？《儒林外史》这本书，是怎么介绍他的？

刚得病时，他不去治，以为能挺过去，包括自己的妻子得了病，也舍不得花钱买药……最后骨瘦如柴，在他眼里，什么最重要？

生：钱！

师：我们送他一个成语，叫——爱财如命。

（出示书中插图。）

师：请看图，你看到了什么？说说图的内容，如今，严监生病得这么严重，连话也说不出来了，也不知他还有什么未了的心愿，

你看他伸出两根指头，想表达什么呢？诸亲六眷都围着他，请细读课文，找一找，参与猜测的人都有谁？在书中画出来。（大侄子、二侄子、奶妈、赵氏。）

师：大侄子、二侄子、奶妈是怎么猜的？分别读读文中的句子。

师：严监生的动作、神态又是怎样的？分别读读文中相应的句子。

师：一个一个又一个，谁也猜不出他的意思，从他的动作、神态，你感悟到他此时此刻心理状态是怎样变化的？

严监生的动作变化：伸指—摇两三摇—狠狠摇—闭眼摇。

严监生的神态：眼滴溜圆—眼闭着。

可见，他的心理状态：期盼—失望—生气……

你能想出与"急"有关的词吗？（心急如焚、心急如火……）

师：赵氏是怎么猜的？齐读文中的描述。

师：终于猜对了，登时断了气，这时，你想到了哪个词？（如释重负）以上作者通过动作、神态的描写，刻画了临死前的严监生是个怎样的人？（板书：吝啬鬼、爱财如命……）

小组讨论：你觉得严监生是一个怎样的人？

展示交流：学生通过理解感悟，发表自己的见解。

小结：本文不到400字，却把严监生吝啬鬼的形象刻画得活灵活现，栩栩如生，让我们过目不忘。我们在写人的时候，就要学习作者这种写法。

设计意图：课文插图作为重要的课程资源，是教材内容的重要组成部分。它不仅与课文内容紧密相关，而且有助于学生对课文人

物刻画的有效认知，对课文做深入、全面的解读。所以，我通过图文转换、文图结合，引导学生对人物特点的理解更深入。

（四）回顾全文，学习写法

师：作者是怎样刻画人物的，本文主要抓住人物的哪些特点写？

从前面三个谁也猜不到他伸着两根指头的意思，这叫——（板书：设悬念。）

通过动作、神态的描写，这叫——（板书：抓细节。）

本文不到400字，却把严监生这个吝啬鬼人物形象刻画得活灵活现，这叫——（板书：语言精练。）

小结：本文的写法，就是通过人物的动作、神态，注重细节，语言精练，平时我们在刻画人物的时候，就要学习这种写法。

（五）回归整体，齐读课文，运用拓展

1. 请班上同学进行我说你猜活动。

2. 讨论节俭与吝啬的不同。

3. 争议两茎灯草与万贯家财的关系，点拨民族苦难与生活艰辛。

（六）作业布置

1. 运用本课细节动作行为描写的写法，写身边的一个人。

2. 拓展阅读。

设计意图：学以致用，掌握文中的表达方法。通过拓展阅读，激发学生阅读名著《儒林外史》的兴趣。使学生的学习由课内延伸到课外。这节课从整体来看，环节齐全，能抓住重点语段进行语言文字训练，做到课内外衔接。

【板书设计】

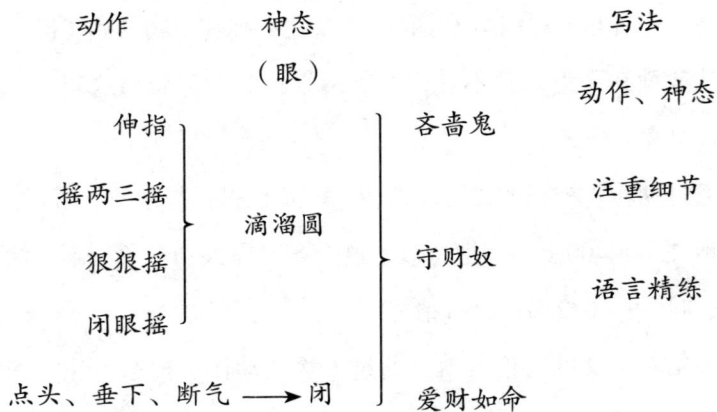

两茎灯草

动作 　　　　神态 　　　　　　　　　写法
　　　　　　　（眼）
　　　　　　　　　　　　　　　　　动作、神态

伸指 ⎫　　　　　　　吝啬鬼
摇两三摇 ⎬　　　　　　　　　　　　　注重细节
狠狠摇 ⎪　滴溜圆　　守财奴
闭眼摇 ⎭　　　　　　　　　　　　　语言精练

点头、垂下、断气 ➝ 闭　　爱财如命

《"精彩极了"和"糟糕透了"》第二课时教学设计

【教学目标】

1. 通过研读课文，品词析句，感悟重点词句表情达意的方法。

2. 合作探究，感悟作者对父母评价的理解。

3. 读写训练结合。

【教学重难点】

1. 感悟重点词句表情达意的方法。

2. 合作探究，理解两种不同爱的含义，并能结合实际，举例说明。

【教学过程】

（一）复习导入

昨天，我们学了15课《"精彩极了"和"糟糕透了"》生字和

词语以及初读了课文，了解了课文的主要内容。课文讲了一件什么事？（指名学生回答。）

（二）抓住对话，品读课文，体会人物的情感变化

过渡：两个极端的断言放在一起，讲了一个很有意思的故事。这个故事是通过对话来写的。写故事，用人物的语言来展开故事的情节。现在请同学们把写人物语言的句子画出来。

画后同桌讨论交流，然后指名读句子。教师相机在黑板上板书：

×× 说 " _____ "

" _____ " ×× 说

" _____ " ×× 说

教师指导不同人物在不同语境的情感变化。

学生活动1：进行读和写的训练，抓住对话，用"提示语"的方法来指导学生体味父母对话的情味和意蕴，让学生在文本语境中同人物进行心灵的对话。

写的点拨：有变化啊！文章有变化才好看。有同学说，写人物语言"说"的后面都要加冒号和引号。真是这样吗？

学生活动2：练习在"说"的后面加标点。教师指导学生上黑板完成。

学生活动3：练习把其中一种对话的形式进行互换。

学生活动4：学生自己试着口头练习写三种人物语言对话的表达形式。

师小结：著名特级教师于永正讲过一句非常经典的教学生习作的名言："作文字数不够对话凑。"此言一针见血地指出了对话在习作中的重要性，尤其是描写人物时，添加一些人物对话，人物

的性格、品质便会跃然纸上，活灵活现，栩栩如生地展现在读者面前。所以，以后习作，根据需要适当添加一些对话，可为习作添加不少生动的内容。

（三）读、说、写的训练

环绕"精彩极了"和"糟糕透了"这对矛盾练"说"。利用文本语境练习复述，用自己的独特体验感受文本语言。

提问：两个极端的断言，到底谁说得对？为什么？

师："精彩极了""糟糕透了"，不同的出发点，殊途同归，都归结到哪个字上来？从课文里找出这段话来。（生读第17自然段"我从心底里知道……那就是爱"。师板书。）

品读第17自然段，理解"两股风"的含义。（出示第17自然段，全班齐读。）

师：说一说这"两股风"分别是指什么？（一股是鼓励、赞扬的评价；一股是严厉、警告的评价。）

师：如果只有鼓励、赞扬，没有严厉、警告，这股风会怎样？（会让"我"骄傲、自满，不思进取，就没有日后成功的巴迪。）

师：如果有警告，没有鼓励、赞扬，"我"又会怎样？（"我"可能会感到自卑，丧失自信心，失去了创作的灵感，也就没有日后成为大作家的巴迪。）

综上所述，只有把握好这两种不同的评价，才能走向成功。

再请一名学生读读这段话，教师进行小结，拓展延伸。

合作读这段话，女同学读写母亲的句子，男同学读写父亲的句子，齐读后面的部分（我从心底里知道……那就是爱），教师做过渡。

师："精彩极了"是爱，这种爱我们能感受到，我们好理解。"糟糕透了"也是爱，你们理解吗？真的理解了吗？

师举例相关情景：①小屋被你搞得乱七八糟，你怎样理解母亲的批评？（从母亲批评的目的去理解：妈妈想培养我从小养成良好的讲卫生习惯，做些力所能及的家务活，所以我们要虚心接受。）②又一次没完成作业，老师当着全班同学的面批评了你，你怎么理解？（从老师批评你的目的去理解：老师批评你不做作业，是为了让我们从小学好知识本领，长大成为祖国有用的人才。）

师：类似的事在你身上有过吗？（交流。）

师：生活中的批评多了，所以作者把这句话对自己的父母说：（生读）"我从心底里知道……向前驶去。"这种爱你能体会吗？带着你的理解读读这段话。真正理解批评也是爱。你想把这句话送给谁？（我、同学、父母……）

师：（对我自己）为什么？好，把这句话说给自己听。想不想把这句话送给老师？站起来，老师就在我们身边，让我们喊着老师，大声地送给我们的老师：（生读）"老师，我从心底里……"

师：母亲是鼓励，不断地激励；父亲是鞭策，别骄傲别自满，都是为了爱，而正因为有了爱，父亲的爱，母亲的爱，使他走向成功。哪句话写出了他的成功？（第16自然段：现在我已经……）引导学生在写作中学会修改，在修改中不断进步。

师：作者之所以取得成功，除了父母的不同评价之外，同学们看第15自然段，他还是怎样做的？（根据父亲的批语，我学着进行修改，那时我还不满十二岁。）

学生交流读后体会，联系生活，加深体验。

师：结合自己的体会说一说，也可以写下来。

师：是啊，一篇好的文章，是在不断地修改后才得出来的。把我们写的例子修改修改，和同学交流一下。

学生展示作品，师生点评。

（四）小结

师：同学们，我也是大家学习的合作者和参与者，读完这篇文章后，我也深深地知道，'精彩极了"和"糟糕透了"这两个断言教会了我们如何面临成功和失败，如何面对赞扬与批评。在这里，我也总结了这样一句话，既送给同学们，也与同学们共勉：在人生的旅途中，我们要谨慎地把握生活的小船，使它不因"精彩极了"而搁浅，也不因"糟糕透了"而倾覆。爱是永恒的，爱让我们走向成功。

【板书设计】

15. "精彩极了"和"糟糕透了"

同一首诗

鼓励　　　警告

爱

【教学反思】

著名语文教育家叶圣陶先生说："语文教材无非是个例子，凭这个例子要使学生能够举一反三，练成阅读和作文的熟练技能。"在小学中高年级的语文教学中，如何把握好教材这个例子，指导学生阅读和写作，是我上《"精彩极了"和"糟糕透了"》这节课的理念依据。在备课中，我不只是挖掘课文里的读写结合点，如写人物语言对话的表达形式；像巴迪那样根据父亲的批语，学着修改；联系生活，开展说一说、写一写等读写环节。

另外，在教学中，我还抓住重点段的研究，如巴迪对父亲两种爱的理解感悟，通过读、批注等方式，积累语言范式，储蓄思想情怀，当这种情怀达到"井喷"时，老师巧妙地点拨引导，进行内化，让学生正确地理解父母、老师对自己的批评。这样，教学的情感态度、价值观就自然体现出来了，学生读的课文、说的话、写的文就变得很真切、很感人，做到言由衷发，文因情出。以至于在这次送教下乡全县巡回上课时，品读重点段后，每当学生理解了父母、老师的批评，发自肺腑地大声向老师喊"老师，我从心底里知道……在爱的鼓舞下，我努力地向前驶去"的时候，我都会热泪盈眶，为我们的学生能理解老师的良苦用心感到欣慰，为我们的老师的付出能够有所收获而感到自豪、骄傲。

除此之外，我还设计了多个与课文《"精彩极了"和"糟糕透了"》相似的例子，让学生感悟体会，理解"爱"的不同含义，再练习说、写、修改，真正把读写的知识转化为学生的能力。

【评价】

"用好教材"：从备课开始

——兼评陈碧军老师设计和执教的《"精彩极了"和"糟糕透了"》

平南县教研室梁栋辉、张艺强、陈婕

《语文课程标准》在前言部分指出现代社会对公民的要求，在目标部分指出语文课程十点总目标以及每个学段的具体目标。我们认为这就是"用教材教"的大、中、小三个层面的目标，"用教材教"就是围绕这三个层面目标去实施教学的。

前段时间，平南镇中心小学语文学科辅导员陈碧军老师在全县送教下乡活动中，执教的《"精彩极了"和"糟糕透了"》（第二课时），得到县教研室教研员和参与活动教师的充分肯定。纵观她从备课到执教整个过程，我们不难发现，陈老师能上出如此精彩的一堂课，关键在于她在深入钻研教材的基础上，运用新理念，深入精心地备课，为"用教材教"而备课，把"用教材教"打造成"活水源头"，清本正源，从备课开始。

（一）备课要考虑通过训练总结，学习方法，形成能力

学习语文，首要任务就是学会阅读理解，学会表达交流。"用教材教"就必须考虑在具体的语言训练中学习方法，形成能力。陈老师在备《"精彩极了"和"糟糕透了"》时，根据人物对话的特点，安排学生读后找出人物对话的句子，然后教师点拨写人物语言有四种形式：提示语在前、提示语在中间、提示语在后边、省略了提示语。学生有了积累之后，陈老师引导学生运用口头练习写三种人物语言对话的表达形式，有的放矢地进行语言内化，达成能力。

在此语言训练的基础上，一针见血地指出，我们平时写习作，凡是写到人物的，可根据习作的需要，适当添加一些人物的对话，文章有变化，不以同一笔法平铺直叙，文章才好看。陈老师这一语言训练的教学环节，从预设到生成，充分体现了正如她在教学反思中提到的叶圣陶先生说的"语文教材无非是个例子，凭这个例子要使学生能够举一反三，练成阅读和作文的熟练技能"设计理念和悟到的语文教学的真谛。

（二）备课要考虑通过提炼归纳，提高认识，积淀情感

语文课程的基本特点是工具性和人文性的统一。"用教材教"就必须在具体的语言学习、实践中，培养学生高尚的道德情操和健康的审美情趣。陈老师备《"精彩极了"和"糟糕透了"》时，抓住重点段第17自然段，归纳提炼如何面对两种评价，即鼓励和警告，引导学生诵读、正确理解，然后结合生活，创设口语交际的情境，让学生说一说如何正确理解父母、教师对自己的批评。这些超越教材的学习活动，将对学生形成正确的价值观和积极人生态度产生良好的影响。

（三）备课要考虑通过延伸拓展，增加积累，开阔视野

"用教材教"就必须拓展延伸，超越教材，将学生引向广泛的阅读，从而获得知识的积累，视野的拓宽。陈老师备《"精彩极了"和"糟糕透了"》时，不只是挖掘教材中有价值的需探究的内容，还挖掘课文里的读写结合点，如像巴迪那样根据父亲的批语，"用教材教"，教师备课中要超越教材，不断拓展和利用课程资源。

"用教材教"，教师必须从备课开始，不断学习实践，不断总结提高。

《昆虫记》整本书阅读教学设计

【教学目标】

1. 引导学生运用浏览、跳读等读书方法阅读《昆虫记》选文，走进昆虫王国，领略神奇昆虫世界，感受自然魅力。

2. 结合《昆虫记》选文，体会法布尔的文笔特色及其观察力，感受他对大自然与生命的尊重与热爱之情，激发学生阅读《昆虫记》的兴趣。

【教学重点】

分享阅读的收获，了解几种昆虫的捕食方法，激发学生阅读《昆虫记》的兴趣。

【教学难点】

通过欣赏精彩片段，体会语言文字的特点，感受昆虫世界的奇妙，体会作者对生命的尊重与热爱。

【教学策略】

教给学生阅读整本书的方法：看封面、看作者、看内容简介、看目录、查阅资料等。从而引导学生喜欢阅读，使学生产生阅读期待。

【教学准备】

1. 课前阅读《昆虫记》。

2. 准备课件。

【教学过程】

（一）谈话揭题，引出《昆虫记》

师：同学们，上一周，我们在图书馆一起借阅共读了《昆虫记》这本书，今天，我们就一起来分享读书的收获吧。（师板书：《昆虫记》阅读分享。）

师：孩子们，看完这本书，你们能说说全书记录了什么吗？

学生交流，老师评价。

生1：这本书详细写了昆虫是怎样吃食物的。

生2：《昆虫记》是一本法布尔记录昆虫怎样生活的书。

生3：这本书记录了昆虫的生活习性。

……

教师点评：同学们看书太认真了！下面让我们走近《昆虫记》，与昆虫来个亲密接触。

（二）了解常识，走近《昆虫记》

师：当我们拿到这样一本书，想要在最短的时间里了解整本书的大致内容，你们是怎样做的？你们有什么好的方法吗？大家小组内交流。（小组合作交流。）

生1：看封面。（这就是整本书的封面，题目是文章的眼睛，也是一本书的眼睛。）

生2：看内容提要。（是对整本书内容的整体概括。）

生3：看前言。（一般介绍作者写书的目的和写书的经过。）

生4：看目录。（目录是快速了解整本书内容的有效方法之一。）

生5：看作者简介。（可以帮助我们更好地了解作者写作的目的。）

如果学生提到了，老师就做解释；如果学生没有提到老师就引导，老师收集了一些快速了解整本书内容的方法。（课件出示。）

1. 看作者简介

师：（课件出示封面）孩子们，从这封面中你获得了哪些信息？（学生自由交谈。）

生1：在封面上，我知道了这本书的作者是法布尔。

师：我们对法布尔有哪些了解？

生2：我们曾经学过一篇课文《蟋蟀的住宅》，就是法布尔写的。

师：你的知识掌握得真牢固。（师相机出示作者简介PPT。）

法布尔，法国昆虫学家，文学家。法布尔被誉为"昆虫诗人"，《昆虫记》被誉为"昆虫的史诗"。法布尔，1823年出生，在他的一生中，有几个重要的时间节点对他观察昆虫、研究昆虫有着非常重要的意义。

出示阅读资料链接：

在他童年时候，有一次和同伴们去偷鸟蛋，被牧师发现了，牧师告诉他每颗鸟蛋都是一个生命，我们应该保护它，不应该伤害它。牧师的话让他明白了两件事：第一件是偷鸟蛋是件残忍的坏事；第二件，鸟类和人类一样，它们各自都有不同的名字。于是他想：那些生活在树林里、草原上的小家伙们都叫什么名字呢？它们是怎样生活的？正是牧师的引导，让他对观察昆虫逐渐有了兴趣，甚至用了一生的时间去观察、去研究。

师：同学们，请大家快速阅读作者生平，了解作者的人生经历，找到法布尔人生中重要的时间节点和他在每个时期的收获。

学生阅读作者简介相关资料。

师：法布尔用他智慧的双眼倾尽一生去观察、探索昆虫世界的奥秘，让我们感受到了自然的神奇和有趣。（教师板书：慧眼观察昆虫世界。）

2. 看目录

师：孩子们，《昆虫记》里到底记录了哪些秘密呢？（出示目录）阅读目录是快速了解整本书内容的有效方法之一。请大家认真阅读这本书的目录，说说你最想要阅读哪一篇，说说你的理由。

师：同学们，老师也想知道这些昆虫的秘密，现在就让我们走近《昆虫记》一起去探索昆虫的秘密吧！

（三）美文欣赏，分享《昆虫记》精彩片段

师：把你最喜欢的篇章，与同学们分享。

1.《红蚂蚁》

教师出示图片：它是谁？（课件出示：红蚂蚁。）

生1：我知道，这是《昆虫记》里面的《红蚂蚁》。

生2：《昆虫记》中《红蚂蚁》一篇介绍了红蚂蚁的外形特点与生存特点。红蚂蚁全身通红，嘴巴像钳子一样；红蚂蚁既不会找食物，也不会干活，为了生存下去，就抢走黑蚂蚁的幼虫，让黑蚂蚁饲养自己；红蚂蚁怕寒且繁殖力强，多栖息于厨房、卫生间地板的瓷砖缝隙内。

师：你能把这篇介绍红蚂蚁的内容概括出来，看来你对这部分内容是非常喜欢的。

师：它们不会找食物，你瞧，红蚂蚁们雄赳赳、气昂昂地到哪里去？去干什么呢？大家赶紧随法布尔的精彩描述去看个究竟吧！

学生自由阅读然后自由交流（请大家阅读《昆虫记》——《红蚂蚁》）。

师巡视指导，汇报交流。

生：这些红蚂蚁是去抢黑蚂蚁的幼虫。

师：真没有想到，蚂蚁的世界也有这么激烈的争斗。老师也迫不及待地想去昆虫世界里瞧一瞧。走着走着，我遇到了一只"横行将军"，猜猜它是谁？

2.《横着走路的蟹蛛》

学生自由猜测（学生可能说是螃蟹，老师解释螃蟹属于节肢动物，不属于昆虫；也可能说是蜘蛛，老师解释大多数的蜘蛛是竖着走路的。《昆虫记》里告诉我们它是蟹蛛）。

师：猜一猜它是什么样子的？

生1：老师，我看过这篇介绍，《昆虫记》中蟹蛛是一种不会织网的蜘蛛，它是横着走路的，有点儿像螃蟹。这种蜘蛛不会用网猎

取食物，它的捕食方法是：埋伏在花的后面等猎物经过，然后上去在猎物颈部轻轻一刺，你别小看这轻轻地一刺，这能致它的猎物于死地。

生2：蟹蛛喜欢捕食蜜蜂。蜜蜂采花蜜的时候是很专心致志的，而蟹蛛早就虎视眈眈，从隐藏的地方悄悄地爬出来，走到蜜蜂背后，越走越近，趁其不注意，就把蜜蜂给吃了。

生3：蟹蛛是一只非常漂亮的小东西。它们的皮肤比任何绸缎都要好看，有的是乳白色的，有的是柠檬色……

师：这样一介绍，我们对蟹蛛了解得很清楚了。看，这只乳白色的蟹蛛迫不及待地想要认识大家了。（出示图片）看到它的外形，你们知道它名字的由来吗？

生4：它的外形像螃蟹，所以叫蟹蛛。

生5：因为它不属于螃蟹类，是蜘蛛，又是昆虫的一种，所以叫蟹蛛。

师：你们的联想真丰富。

师：你最想了解蟹蛛的哪些秘密？

小组合作学习，学生小组内交流然后进行汇报。

师：孩子们，你们真是具有一双善于发现问题的智慧的眼睛啊！老师还想知道蟹蛛捕食有什么特点。它和红蚂蚁有哪些不一样？

师：老师推荐一种阅读方法给大家。尝试用跳读的方法阅读。（课件出示阅读方法，然后老师解释跳读就是选择和问题有关的内容，其他内容跳过不读的方法。）

学生小组合作学习，进行自由阅读，读完以后小组内交流，然后汇报。（教师板书："蟹蛛跳读"。）

师：看来跳读的方法可以帮我们很快从文章中找到想要的秘密。

师：亲爱的同学们，蟹蛛不仅有它独特的捕食方式，更有一种母亲的慈爱和伟大，读了让人感到温暖和感动。作者把平时我们毫不在意的昆虫世界描写得那么温暖感人，形象有趣，下面小组共学（课件出示），请大家自由朗读这段话，找出你认为有趣的句子来，并说说为什么，在小组中交流交流。

自从产了卵以后，蟹蛛就慢慢消瘦下去，它每天神情紧张地在瞭望台上注意周围的动静，随时准备着和敌人同归于尽。它会一直守望四周，像个卫兵一样，为巢里的卵宝宝站岗放哨。渐渐地它已经非常孱（chán）弱，似乎一阵风吹来，就能把它卷走。它不吃不喝，不眠不休，只是静静地待着卵上，一刻不离地守护着它们。它一边为巢里的孩子们站岗放哨，一边静静地感受丝囊（náng）里那些小生命的举动，等里面的小生命们开始躁动不安起来，母蟹蛛就知道它们不久就要出来了，所以用尽生命最后一点儿力气，在盖子上打通了那个小孔，此后，母蟹蛛也就安心地死去了。

师：像这样的句子在选文当中还有很多很多，孩子们，找一找，在文中用你喜欢的符号画下来。原来适当地运用拟人、比喻等修辞手法可以让事物变得更加形象有趣，所以我们在平常的写作中，也可以运用合适的修辞让自己的作文更加生动形象有趣。（板书）老师也想和大家一起来美美地读一读。

生读文分享：红蚂蚁打架非常厉害，但是它们不愿意哺育儿女，也不愿意去寻找食物——它们的衣食住行都是靠别人来替它们完成的。它们经常会对其他种类的蚂蚁实施抢劫，把人家的蛹运到自己的窝里来。等那些蛹蜕皮了，就沦为红蚂蚁的奴隶了，为它们

养儿育女、寻找食物。

3. 螳螂

师：昆虫世界可真是妙趣横生呀！我在昆虫的世界里继续寻找着秘密。突然，被一阵喧闹声惊扰了，走近一看，原来是一群记者在围着美丽的昆虫公主采访呢。你们知道昆虫公主是谁吗？

生：螳螂（出示螳螂图片）。

师：我们来读一读法布尔是怎样描写这位美丽公主的吧。（课件出示文字）请大家一起读一读这段优美的描写（教师读）：

她的外表看上去相当美丽，身体纤细，体态优雅，披着淡绿的外衣，托着轻薄如纱的长翼，它的颈部是柔软的，头可以朝任何方向自由转动。

师：你们知道螳螂公主是怎样捕食的吗？老师给大家带来了一段视频（播放视频）。

学生观看完视频后回答：螳螂脚很厉害，上面长有很多锐利的齿，它一旦发现有昆虫靠近，就会像箭一样伸出前脚，迅速地将猎物捉住。有些螳螂还是自然界伪装的高手，体色和外形与绿叶和枯枝相似，捕捉那些毫无防备的昆虫就更方便了。

师：是的，螳螂虽然身体纤细，体态优雅，可是它捕食的时候却果断迅速毫不示弱。

（四）总结延伸，阅读《昆虫记》

师：法布尔不仅是一位昆虫学家，还是一位伟大的文学家。他善于运用拟人、比喻等修辞方法及优美的语言把昆虫世界描写得和人类世界一样有血有肉，生动有趣。他为昆虫们谱写出了一首首有趣的生命诗篇。希望大家在生活中能够像法布尔一样做一个爱护小

动物。善于观察，勇于探索自然奥秘的有心人。昆虫的世界有趣而复杂，还有很多秘密等待着我们去发现，比如萤火虫吃什么？屎壳郎是怎样推粪球的？大孔雀蝶是怎样追求同伴的？

师：《昆虫记》里面还有更多昆虫的秘密，课后大家再相互交流。

【板书设计】

《昆虫记》

法布尔

妙笔谱写生命诗篇　　　　拟人　　　　慧眼观察昆虫世界

比喻

诗林漫步

——小学毕业班语文古诗词专题复习课设计

【复习目标】

1. 利用图片回忆、联系相关古诗的方法，帮助学生整合归类古诗。

2. 学会阅读积累、灵活运用古诗，养成自觉阅读与积累古诗的良好习惯，并学以致用。

3. 激发学生对祖国灿烂的古诗文化的热爱之情，提高学生的文学艺术素养和审美能力。

【复习重难点】

1. 学会整合归类小学阶段所学过的古诗。

2. 吟诵古诗，理解诗意，感受传统文化的艺术魅力，并能结合生活巧妙运用古诗。

【复习准备】

（一）教师准备

1.将小学阶段重点古诗进行整合归类。

2.制作课件。

（二）学生准备

1.重温六年级上下册所学过的古诗。

2.回顾以前所积累的古诗，并加以整理，编成目录。

【教学过程】

课前：背诵古诗。

（一）直接导入，紧扣主题（2分钟）

导语：同学们，古诗词是中华民族的文化瑰宝，它短小精悍，节奏分明，意境优美，千百年来传诵不衰，深受人们喜爱。今天，让我们一起漫步古诗林，领略古诗词的魅力。（板书课题：漫步古诗林。）

（二）整体复习，分类梳理（10分钟）

1.交流方法，灵活积累

师：在小学阶段一年级至六年级的教材里，收录了近70首古诗词，有的为烘托单元主题以"精读课文"出现，有的为拓展单元主题以"日积月累"呈现，这么多的古诗词，如何又准又快地记忆所有的古诗呢？相信同学们一定有自己的绝招，谁愿意把你的绝招说出来与大家共同分享？（师板书：记忆古诗词的方法。）

生1：我记忆古诗的方法是多读几遍，结合注释背诵。

师：其他同学呢？

生2：理解诗意来记忆。

师：其他同学还想分享吗？

生3：了解诗人的身世际遇来记忆。

师：有这么多的好方法，确实让我们大开眼界！今天老师也给大家带来几种复习古诗的方法，希望对你们有所帮助。

学生交流记忆古诗的方法，课件出示古诗复习法：分类整理法、熟读成诵法、古诗吟唱法、理解记忆法等。

2. 重点交流分类整理法

师：今天我们就用第一种方法"分类整理，科学记忆"（板书）来复习我们所学过的古诗。

下面请大家拿出老师刚才发下来的"古诗词汇总"，我们来根据这个诗歌内容给它们分分类。小组成员分工合作，快速浏览，一人从前往后看，一人从后往前看，这样又快又准。

3. 走近诗歌，分类学习

（1）情感分类

师："我诗写我心"，无数诗词之所以能禁受岁月的洗礼而历久弥新，不仅因为古人遣词造句工于匠心，更因为每一字每一句都寄托着作者或悲或喜的情。从"情"的角度来看，我们又可以把这些诗分为哪几类呢？

生1：爱国诗、思乡诗、友情诗。

（根据学生汇报，逐一复习这三种，并板书：诗中有情。）

师：有些诗人把自己的那种相思别恨、喜怒哀乐、孤独寂寞、怀才不遇的情感都化作了一首首充满情意的诗词歌赋。中华上下

五千年出了好多爱国志士，你知道的爱国诗人有哪些呢？

生2：我知道屈原、李清照、陆游、杜甫、文天祥、龚自珍。

师：老师也给大家带来几位爱国诗人，看到这些诗人你能说出他们的名句吗？

生3：路漫漫其修远兮，吾将上下而求索。

生4：人生自古谁无死，留取丹心照汗青。

生5：死去元知万事空，但悲不见九州同。

师：其他同学还想说吗？

生6：先天下之忧而忧，后天下之乐而乐。

师：这些爱国诗人给我们留下了千古名句，他们的爱国之情更是让我们感动。那些远离家乡漂泊异国的游子们把自己对家乡、对亲人的怀念之情也融入了诗中，给我们留下了千古名句。下面来挑战一下老师的填空题：

① 对于王安石来说，乡愁就是那吹绿了江南岸的（　　　　）。

② 对于张籍来说，乡愁就是那一封写了又拆的家书（　　　　）。

师：谁能用老师的句式，把你知道的思乡诗句表述出来？

生7：对于纳兰性德来说，乡愁就是那在寒风朔雪中难圆的梦。诗句是风一更，雪一更，聒碎乡心梦不成，故园无此声。

生8：对于王维来说，乡愁就是那众人登高，唯我漂泊。诗句是独在异乡为异客，每逢佳节倍思亲。

生9：对于秦观来说，乡愁是那漫天飞舞的花朵和落下的细雨。诗句是自在飞花轻似梦，无边丝雨细如愁。

……

师：真挚的爱国之情，浓浓的思乡之意让我们感动，也有一些

诗句是表达朋友间深情厚谊的，你知道这样的诗题有哪些吗？

生10：《别董大》《送元二使安西》《赠汪伦》……

（2）自主分类（以朝代来划分，以作者来划分，按季节分）

师：你们滔滔不绝，说明把已学过的古诗熟记于心，请为自己出色的表现鼓掌。（师出示PPT。）

师：在古诗词的复习中，我们还可以这样自主分类。

4. 诗中有理

师：诗中不仅有浓浓的情，有些诗句还蕴含着深刻的道理，你知道这样的诗句有哪些吗？讨论交流一下并说说它们蕴含怎样的道理。

生1：我知道纸上得来终觉浅，绝知此事要躬行，意思是书本上得到的知识是肤浅的，想深刻去理解就要付之行动。

师：意思是实践出真知。

师：其他同学谁还想说？

生2：不识庐山真面目，只缘身在此山中，意思是要全面认识事物，要明白当局者迷、旁观者清的道理。

5. 诗中有画

大自然当中一山一水、一草一木、一鸟一石都是一幅美妙的画，就让我们一起走入诗中美丽的景色。同学们，请想一想，诗人在诗句里都写到了哪些景和物？

生：花草树木、鸟兽虫鱼、风月雨雪、山水树木……

师：大自然美景数不胜数，老师也简单找了几类，同学们看课件。（出示诗中景：山水、花草树木、日月、雨雪。）

师：分组找出。一、二组找山水的诗句；三、四组找花草树木

的诗句；五、六组找日月的诗句；七、八组找雨雪的诗句。简单记一个或两个字，看到这个字就能想到诗句。

生1：我们组找的雨雪诗句：清明时节雨纷纷，路上行人欲断魂。好雨知时节，当春乃发生。忽如一夜春风来，千树万树梨花开。

生2：天街小雨润如酥，草色遥看近却无。柴门闻犬吠，风雪夜归人。

生3：我们组是花草树木：墙角数枝梅，凌寒独自开。乱花渐欲迷人眼，浅草才能没马蹄。

生4：我们组找的是日月的诗句：欲穷千里目，更上一层楼。两岸青山相对出，孤帆一片日边来。小时不识月，呼作白玉盘。

……

师：诗人描写的大自然当中的景色太美了，让我们陶醉。这些诗句成了千古名句，传诵不衰。

6.画中有诗

师：苏轼说过："诗中有画，画中有诗。"请同学们根据画面，说出是哪首诗的内容并背出来。别忘了诗题和作者及朝代，只要你想到了，不用举手站起来就背，其他同学认真听，背错了给他掌声以示鼓励，背对了大家跟他一起背一遍。

（三）活用古诗，学以致用

师：诗中的句子还有好多好多，希望同学们用心收集整理。如果我们在生活、写作中古诗词运用得当，可以起到点睛的效果。

1."活用古诗"抢答竞赛

师：下面进行"活用古诗"抢答竞赛，男生女生PK。（板书：活用古诗。）

（1）夜深了，老师还在灯下不知疲倦地工作着，这不禁让我想起两句诗（　　）。

（2）昨天是爷爷的生日，大家祝福爷爷"福如东海，寿比南山"。爷爷却叹道（　　）。我赶紧把爷爷的话打住道：您是（　　）您的身子骨比年轻人还壮实呢。爷爷高兴地笑了。

（3）昨天下午，王老师布置了一道数学题。晚上我绞尽脑汁，百思不得其解，就在我（　　）时，爸爸过来了，经他一点拨，我豁然开朗很快解开了这道题，这真是（　　）。

2. 诗词赠言

要求：选择自己喜欢的古诗词名句，给老师或同学写一段临别赠言。①自由写；②写后进行交流。

师：同学们都用自己喜欢的古诗词名句，表达出了对同学、老师的依依惜别之情，情真，情切，情深。

（四）韵味诵读，古诗新唱

师：常言道"读书百遍，其义自见"。优美的诗文，我们要读出它的韵律，读出它的情感，你能选一首来读给大家听吗？老师给大家带来两首诗朗诵，请同学们欣赏。（板书：韵味诵读。）

要求：听完后模仿或选一首自己喜欢的诗，读出诗的情感与韵律，感受诗歌的美。

课件出示配乐诗朗诵《咏柳》《别董大》。

生：《水调歌头》《九月九日忆山东兄弟》。

师小结：诗中的景、情、理融为一体，一幅美妙的画，一首动听的曲，让我们陶醉了。通过你们这节课的表现，我觉得你们有诗一样的秀气、灵气。

【板书设计】

漫步诗林

分类整理　科学记忆

诗中有画　画中有诗

诗中有情　诗中有理

活用古诗　诵读写唱

······

第三篇

启智慧人

本部分收录了自己不同时期的八篇文章，有二十年前在广西壮族自治区乡镇学校参与探究的小学语文省级课题成果报告，有近年在深圳工作写的论文原稿，多是自己对小语教育教学的一些观点、感悟。有的在公开刊物上发表，有的在教师培训中交流。立德树人、教书育人，科研开路，探索前行。"纯朴、真实、勤奋、新活"既是为人处事的个人准则，也是我启智慧人、小语科研的核心词。

小学语文教育教学研究立足点、生长点、闪光点主要在课堂，写文章发表、召开研讨会、听专家学术讲座的落脚点、观察点，也是在课堂教学质量提高上，离开课堂教学质量提升，发表论文档次再高也是一堆废话。即使博士毕业宏观理论深厚，也要聚焦课堂教学，倡导微观研究、行动研究、案例研究，注重操作性、应用性与创新性。个人主张聚焦小课题、微环节研究。小课题，小：切口小、困惑小、用时少；课：聚焦师生成长的课堂、课程、课业；题：找问题、成专题、抓主题。通过小课题研究，日积月累，滴水穿石，不断提升小语教育教学质量；学习探究、自我反思、同伴互助、专家引领，持续成长，逐步成为一名科研型教师。

在小学语文教育教学中，如何科研开路，启智慧人，主要表现在如下方面。

一、揭示字理识字

（一）课题缘起

《语文课程标准》明确规定"识字是阅读和作文的基础"。识字教学是小学低年级的核心任务，也是基础教育各科教学的基础，汉

字是中华文化的符号，是中国走向世界的名片，世界瞭望华夏的一个窗口。与世界上许多国家文字相比，汉字四四方方象形会意很好看，但是笔画较多，难写难记。多年来，我国识字教学流派纷呈，但都未曾从根本上解决识字中——汉字形与义的矛盾问题。许多小学生觉得汉字枯燥烦琐，书写时错别字多，阅读质量低，作文错字多，影响了语文学习质量的提升。基于此，1999年5月，在广西小学教育研究中心的直接指导下，我所在学校承担了"小学字理教学实验"的省级课题研究。

（二）概念释义

字理识字就是根据汉字构字的表意性特点，从汉字的音、形、义之间的内在联系上进行字理分析。从汉字字义上认识汉字各部分之间组合的内在关联性与合理性，使学生理解与掌握字的构形、读音、表义的道理。即以字理为中心，使字的音、形、义统一。学生深刻理解与熟练掌握了汉字的造形原理，音、形、义之间的关系，汉语言文字、文学、文化的学习，就会相当顺畅，从而提升学习质量。

（三）研究成效

1. 构建了识字教学模式

在实验的第五年，研究团队运用字理知识教学，优化小学语文识字课堂结构，构建出了字理识字课堂教学模式：①独体字字理识字教学模式：读音—展示象形图—抽象图—古体汉字—楷体汉字—指导书写；②合体字字理识字教学模式：读音—分解—组合—会义—书写。

2. 提升了识字教学质量

2009年的实验结论指出，字理识字教学符合儿童识字的认识过

程，十年实验数据表明：①字理识字有利于减少错别字；②字理识字不断提高儿童的识字能力，为其尽早提升阅读水平铺平了道路。

3. 锻炼了科研型教师团队

从1999年立题，到2009年课题结题，十年磨一剑。这十年，也是我人生路上风华正茂励志成长的十年，课题探究，启智慧人，惠及了学生，也磨砺了自己识形释义、潜心问道、刨根问底等执着品性。

二、守住语文本真

2009年课题结题之后，为延续课题研究的热情，巩固与拓展课题成果的影响，我相继针对小学语文识字教学、阅读教学、作文教学一些"花样模式"，写了几篇文章，提出了坚守语文教学本真的观点。汉字的四方块是音形义的结晶，构成的语文教材也是纯美洁净的。我们小语课堂教学，更应该守住本真，洗尽铅华，返璞归真，传承出新。具体来说，以学生为本，小学语文课堂教学呈现依标（国家课程标准）扣本（课本教材的编者、作者意图、生本学情），应该是朴素纯真、简洁扎实、童心童趣的，而不是流光溢彩、飘飘忽忽、云里雾里、花里胡哨的。追求表面热闹的课堂教学，受害的是学生。

（一）守住字理为根

科研是为了应用，撰写课题结题报告不是研究的终点，要在课堂实践中完善字理识字模式，巩固与扩大研究成果。在语文教学中，尤其是在低年级阶段，咬文嚼字，品词析句，要锁定教材，讲足练透，应牢固落实语言文字的学习和训练，让学生领略我国历史

文化的博大精深。字词是小学教学的重点，而字理是识字析词的根本。语文教学要把"根"留住，必须加强字理教学。《守住语文的"根"》这篇文章，写出了我的观点与呼吁，摘选刊登在2012年广西教育学院主管、主办的《小学教学参考》P156上。

（二）把握简单为真

返璞归真，简洁是美。教书育人，需要敬德修身、静雅生慧，有时欲速则不达，慢就是快，切忌拔苗助长。我欣赏并提倡"简简单单教语文，扎扎实实求发展"，回归常态的语文课堂教学。洗尽铅华，回归本真，绿色、丰富、充盈的语文课堂能让学生更有收获。这里的"简单"，指简单到一本教科书，一支粉笔，删去一些华丽的套话、包装，教师、学生不能受制于多媒体。热热闹闹一节课下来，师生品不出语文味，何谈质量？简单的背后是老师深厚的文化底蕴，是过硬的教学技能，在备课中，老师要善于钻研教材，用好教材，化繁为简，厚积薄发。这样我们的语文教学才能有扎实的发展，生成精彩的课堂。

（三）呈现实在为美

2009年11月，我写了一篇文章《真实、朴实、扎实——理想语文课堂教学的思考》。起因是在课程改革创新的大潮中，不少教师把语文公开课上成了思品课、自然课、音乐课、美术课、信息技术课、综合实践活动课，很热闹，但大多有华而不实之感。人民教育出版社编审、教育部课程教材研究所研究员、教育部语文课程标准专家组核心成员崔峦老师曾说过："教学的最高境界是真实、朴实、扎实。"我也认为，语文课应该姓"语"，美在纯朴实在，无论是公开课还是常态课，都要紧紧抓住语言文字不放松，着眼于一

个标点、一个词语、一个句子开始，稳稳当当、扎扎实实构建或更新学生的语言世界、人文世界，丰富童心世界，使我们的语文课堂实实在在、返璞归真，充满浓浓的语文味，而不是四不像。

（四）呵护童心为本

教材是国家统一编制的，广东大多数学生没有见过北方的雪花，城市的小学生体验不到秋天金黄稻谷给农民带来的喜悦。在教学中，我们要以学情联系文情，以生为本，设身处地站在学生的立场上讲教材，用本地本校学生的眼光审视、解读教材。

三、研究插图运用

小学语文课本中一个重要的组成元素就是插图。有的插图画龙点睛帮助师生了解课文的中心思想，有的插图烘云托月有利于学生对字词、文本内容的快速理解；插图有利于对学生的语文思维进行激活，有利于缩短教材编者、课文作者与师生的时空距离与心理距离，有利于对学生语文综合素养和审美情趣进行有效的培养，从而构建优质高效的小学语文课堂教学模式。方便、直观、简捷的教学资源不能闲置，近年来，我从不同的角度对语文部编课本中插图的运用进行了研究，颇有心得。下面强调几个观点，与大家分享。

（一）注重字理识字的延续

汉字是音形义的结合，教材课文从字理到词理、句理、文理，一脉相承。从课文插图中揣摩、阅读、讲解课文，咬文嚼字，解词析句，再现情境，欣赏景观，理解人物，形义结合，便捷有效。

（二）注重看图说话的训练

运用课文插图进行看图说话训练。首先，让学生说说插图呈

现了课文中哪句话，哪个场景，哪个人物、事物。其次看到这个插图，你看到了什么，你还想说些什么？谁说得更完整一些？以此丰富学生的语言。

（三）注重儿童认知规律的呈现

在教学中运用插图，注重遵循儿童认识事物的规律，看图形联系课文，注重形象思维向抽象思维的转化，由插图到理解课文内容，到丰富学生语言，到训练习作，到连接现实生活，由浅入深，由近及远，由少到多，循序渐进。

四、拓展单元阅读

单元拓展阅读，与单元整合阅读、单元打捆阅读的做法、目的相同；帮助学生整体感知、认知事物，积累语言，增强概括与分析的能力，提升阅读习作的水平。

拓展阅读是指在统一主题的引导之下，把多篇课文存在一定的相似性融合在一起，把其中的差异性揭示出来，从一课到多课，从教材到原著，乃至从文字表述拓展到现实生活世界；教师要合理优化应用各类教学资源，在对比与选择、权衡与取舍、阅读与思索中，帮助学生完成课程内容的整合与提炼，不断提升学生阅读习作的水平，以及用整体、全面、发展的眼光发现、表述、解决问题的能力。有如下感悟。

（一）杜绝片面性，生成整体观

在小语教学中，学习生字、解读生词、分析内容、归纳中心思想，字词句段揉碎了教，默写、填空、选择题，把课文拆散了考。只见树木，不见森林。单元拓展阅读，杜绝认知的片面性、碎片

化，还原生活情境，紧扣单元学习主题，有利于小学生生成整体、全面看待事物发生发展的世界观。

（二）欣赏文字美，探究真世界

小语教材三年级上册第三组收录了古诗两首，《风筝》《秋天的雨》《听听，秋的声音》三篇课文，语言优美，秋情、秋风、秋雨、秋景，连起来阅读，从古至今，从风到雨，美不胜收，秋天如画，人入画中。引导学生探索，深圳的秋天，美在哪里？寻秋、话说身边的秋天，师生进入真实的生活世界，体验生活的美好。

（三）激趣读原著，汲取正能量

小语教材五年级下册第五组收录了四篇课文：《将相和》《草船借箭》《景阳冈》《猴王出世》，涉及我国四大名著中的三部。连起来阅读，激发了学生拓展阅读原著的兴趣，进一步探讨课文中主人公的友情、智慧、勇敢、神奇，欣赏英雄群体，传承中华文化，汲取了满满的正能量。

五、优化智慧学习

2018年12月，我写了一篇名为《智慧学习下小学语文阅读生成性教学优化设计》的文章。学习有法，智慧有度，一切手段、方法都有其局限性，过度地夸大网络作用或依赖现代多媒体手段教学，难免失去本真。

随着现代信息技术与教育领域的深度融合，"互联网+教育"的智慧学习成为教育发展的新趋势。这不仅为学生创造了开放性的学习环境，也给生成教学提供了有利的技术支撑。在教学实践中，要厘清智慧学习和生成性教学的内涵及特点，牢牢把握智慧学习下小

学语文阅读生成性教学优化设计的原则与策略；密切关注网络信息技术与阅读学习的灵活性、辅助性、有效性，切实提高阅读教学质量。在教育信息化、现代化的大趋势下，网络信息技术融入各科教学势不可当，我们要多从正面看其便捷的优势，也要警示其隐患。温馨提示如下。

（一）关注灵活性

在教学过程中，教师可借助多媒体设备给学生提供图片、视频、动画等形象化的教学资源，通过交互式电子白板与学生进行沟通交流，根据学生课堂反馈调整教学方式。是否使用多媒体解决生成性阅读问题，建议教师根据学情灵活运用。

（二）关注辅助性

在教学中，网络技术是形式，为阅读内容服务。过多的设计，只能喧宾夺主。

（三）关注有效性

在一些公开课场景里，教师没有板书，没有动口领读，完全依赖网络技术。标准的影像字形，播音员播音范读；大段时间，师生脱离教材沉浸在影视的情境中。学生只看到结果，抓不住知识、能力的生成。情绪亢奋，互动热烈。学到了什么，夯实了什么？高潮迭起，水过地皮都不湿；如此生成，效果难免不佳。

小学字理教学的研究

一、提出问题

识字、阅读、作文是小学语文教学的三大内容。"识字是阅读和作文的基础。"识字教学的地位，在《义务教育语文课程标准（2011年版）》里就是这样明确规定的。随着新课改的深入，越来越多的人意识到小学生识字的重要性和必要性。

多年来，识字教学流派纷呈，但都未曾从根本上解决识字问题，实则是汉字形与义的矛盾。传统的识字教学多以教师为中心，教学方法单调，不注意汉字的形、义之间的联系。相当多的小学语文教师在教学中很难娴熟而灵活地依据汉字的构字规律和原理进行识字教学，多为独体字数数笔画，合体字说说结构而已。许多小学生觉得汉字枯燥烦琐，难学难记。因而学生识字回生率高，书写时错别字多，识字教学领域依然存在高耗低效现象。阅读质量低，作文错字多。传统的识字方法已无法满足多变的知识更新时代，无法高质量地完成识字任务。落后的识字教学法严重制约了学生阅读、作文能力的提高。正是基于如此的现状，我校于1999年5月在广西小学教育研究中心的直接指导下，进行了"小学字理教学实验"的课题研究。

二、实验的具体步骤和方法

本课题研究采用以实验为主的研究方法，在平时的教学中进行，于1999年秋季从一、二、三年级开始进行实验。设6个实验班：一年级二个班。参加实验的班级人数都在60人以上，实验周期是五年。我们以现代教育理论、认知学理论和字理识字教学法及文字学理论为基础，深入地探索小学语文识字教学的方法体系，从学生的智力、能力、情感和学习成绩等方面的发展，来考察字理识字教学法的作用和效果。

（一）实验的假设

在实验中，如果以课堂教学过程为整体，根据汉字本身的字理，将字的音、形、义充分讲解，就能发挥识字教学过程中的整体功能，提高教学质量和效益。

（二）变量关系

自变量：图示、实物演示、现代教育技术辅助字理识字课堂教学。

因变量：发展学生思维、培养学习方法，提高识字效率和质量。

干扰变量：影响教学效果的其他因素，如增加教学时间、课题组实验教师的变动及学生自身条件和抽样方法误差等。

（三）实验干扰变量的控制

实验班级的学生全员参与；实验期间，执教教师保持稳定；按国家教委颁布的课程计划开课，不加班加点，教学时间固定。

（四）实施阶段（1999年9月—2004年7月）

1. 建立行之有效的常规制度，加强研究过程的规范性管理

为提高课题管理水平和质量，我们制定了由校长直接领导，市、县的B类、C类骨干教师任实验教师，每学期开学始，公布各成员的职责及任务。保证实验工作的科学性、连续性和有效有序地开展。

2. 实验教师进行系统的理论学习，以科学的理念指导研究

自课题组成立以来，要科学、高效地进行字理教学，就必须具备较扎实的文学基础。我校的实验教师，认真阅读了贾国均老师编写的《字理识字教学法》和《字理识字的理论与实践》两书，以及黄亢美老师编写的《文字学基础与字理识字》《字理教学手册》等书籍，以便在理论和操作方法上把握字理识字的基本要求；在课堂教学中，对组字能力较强的象形、会意等字参看《字理识字五百例》。教学中，深入浅出，稳步展开。一些年轻的教师积极查阅、购买有关理论书籍，不断充实自己的理论知识，提高教学水平。

组织实验教师学习字理教学理论，转变教师教育教学观念。采取自我培训的方式，组织教师学习相关的教学理论，共同学习，共同讨论，明确素质教育的思想、理论、观点，弄懂什么是字理教学，开展教学培训系列研讨活动。每学期定期组织理论学习两次以上，采取集中辅导和相互讨论相结合的方法，交流课题研究计划，畅谈教学研究中的体会，撰写学习过程中的心得。每学期指定一名实验教师上一节字理识字"实验公开课"，每个实验教师写好一篇论文，做好一份对学生的检测表。我校还加强了对实验教师队伍的管理和培训，组织实验教师参加了县教研室、广西壮族自治区教师

培训中心及全国字理识字研究会组织的学习观摩活动。教师们在实验中学习理论，运用字理知识进行教学，做好实验的阶段总结、资料收集、效果检测。通过五年多时间的学习，课题组成员的理论素养有了普遍提高，把教育观念的转变和字理教学的方法、模式紧密联系起来，形成了人人都在谈字理教学的氛围。

3. 理论联系实际，探索"字理识字"教学的新模式

运用字理知识教学，优化小学语文识字课堂结构，探索识字教学的新路子，是我们实践摸索的主要问题。开展模式的研究，可以帮助我们从整体上综合地探讨识字课堂教学中各要素的相互关系和作用，有利于系统地认识把握教学过程的规律，促进识字教学课堂结构的改革。

五年来，我们利用字理识字教学，构建出课堂教学模式，具体如下。

（1）独体字字理识字教学模式

读音—展示象形图—抽象图—古体汉字—楷体汉字—指导书写。

现代心理学研究的结果表明，小学低年级的学生仍以形象思维为主，并逐渐向抽象思维过渡。此模式就是针对学生的这一认识特点，将独体字的构形直观展现在学生面前，引导他们去观察、去思考，加深了感性认识，发展了形象思维。

这个教学模式的内涵是在独体象形字、指事字的教学过程中，教师通过图片、幻灯片、多媒体展示汉字形体演变过程，引导学生了解汉字的构形原理。通过会义，使学生学会组词，了解词意。

首先，出示概括抽象图。从实物到文字的产生，有一个对实物进行抽象概括的过程，没有这个过程就没有文字的产生。因此，教

学时，概括抽象图是帮助儿童由图到文形成思路，进而理解和记忆独体字的重要条件。

其次，出示古体汉字。这是从图画到楷体汉字的过渡。而小篆是从概括抽象图过渡到楷体字的最好字体，便于儿童理解。将古体汉字与抽象图对照，分析汉字的构形。

再次，出示楷体汉字。这要求学习者掌握一定生字量。在出现楷体生字后，引导学生将楷体字各部分与客观物体各部位进行对应分析，进一步了解汉字形体的由来，然后进行书写。

最后，指导学生正确书写生字。

这样的识字教学模式把一个个抽象的汉字变成了一幅幅画，一个个故事，使学生在课堂上就掌握了生字的音、形、义，提高了他们识字的兴趣与识字的效率，让他们真正成为学习的主人。

（2）合体字字理识字教学模式

读音—分解—组合—会义—书写。

此模式的内涵是在教学合体字（形声会意字）的过程中，教师首先出示生字，让学生读准字音，分析合体字的结构。学生在掌握基本字的基础上，了解各部分的意义。

第一，以字理为中心，寻求合体字中汉字与汉字的联系，进行合理联想，了解合体字各部分组合的内在联系及合理性。

第二，指导学生正确书写，了解合体字各部分在田字格中所占的比例及位置，巩固所学生字。

认知心理学的一个重要观点就是强调人已有的知识结构对他当前认识活动的决定作用，从某种意义上说，学习实际上是认识结构的组织和重新组织。用这样的模式教学合体字，学生不仅学会了一

些生字，而且把这种认识进一步发展，激发了学生学习的积极性，学字能力也得到加强。识字过程转化为一个培养能力、训练思维、发挥创造力的综合过程。在此过程中，教师始终只是学生积极学习行为的引导者。

我们在实践当中研究出来的这两个模式，是经过修改、理论验证的成果，但在不同的研究课题当中，有些步骤又可以灵活增减或调换。

4. 构建科学的字理识字教学方法

（1）图示法

图示法是用图画（如挂图、幻灯片、计算机、录像等）展示汉字产生、演变的大体过程。一般要求图画内容与所表示的汉字一致，形象典型，色彩鲜明。图示的作用重点在解决汉字溯源的问题，即用图画将汉字的本义表示出来。比如教学"隹"字就要绘出鸟图，教学"酉"字就要绘出酒坛图，教学"采"字可绘出手在树木上采摘的图。由于图画形象、具体，能激发学习者的学习兴趣，有利于将汉字的形与义紧密联系起来记忆，以加深对汉字本义的理解。尤其对表现古人生活、生产、战争等方面的字，有必要用图示法来缩短古今历史差距，以利于学习者对字理的理解。它多使用于识字教学之初，教学象形字和汉字的部件和部首。

（2）点拨法

点拨法是运用精练的语言，根据汉字各组成部分的本义阐明其构形原理的方法。一般要求语言简练，叙述清楚。这种方法多用于会意字和形声字的教学。点拨法是在图示法的基础上，通过对汉字部件本义的解释，领会汉字组构的意图。比如教学"牧"字，只要解析牛字旁是"牛"的变形，"文"是手拿鞭、棍的意思，与"牛"合起来指手拿鞭子放牛，就是"牧"的本义。不用图示，只要这样一点拨，学生就可以理解、掌握。

（3）联想法

联想法是在解析字理时引导学生合理联想，以加深对汉字形、义、音的理解，我们今天引导学生去领会五六千年以前先民的造字理据，有着相当大的历史差距和思维差距。儿童识字，思维差距更大。怎样缩小这个差距呢？一个有效的方法就是联想。汉字是以形义为主的联想系统。其特点是形象，主要是符号，是通过联想来认识它的意义的。我们可以用接近联想、相似联想、对比联想来学习汉字，通过联想，大大调动学生创造记忆方法的积极性。

（4）演示法

演示法是运用实物、动作等帮助阐明字理的方法，多用于象形字、会意字的教学。比如教学"爪"字，为解析字理可出示自己手心向下的右手，再根据手的形状导出古体"爪"。教学"开"字，为解析字理，教师可做双手拉门闩开门的动作。教学"灭"字，可做用手往下压的动作。

（5）比较法

比较法是确定两个或两个以上汉字的异同的思维过程。在汉字系统中，汉字与汉字之间有着千丝万缕的关系。通过比较可以把汉字的个别部分和特征分析出来，发现它们之间的异同，以利用字与字的本质联系和区别，达到提高教学效率的目的。

运用比较法可以从以下三个方面着手：①比整体。对于某些形近字，可以从形、音、义结合上进行综合比较。比如有学生把

"束"写成"棘",我们可用比较其形、音、义的方法进行教学。这两个字整体字形相似，相同的是都从"木"，不同的是中部，束从"口"。"口"像捆木之物，由刺变形而来。因此，"棘"即刺树的象形，即刺的意思，读音自然与刺相同了。而用绳索捆扎为束。这样一比学生就不会混淆了。②比声旁。这是对若干形旁相同而声旁各异的汉字找出构形的差异。比如案、梨、架、柴等字，我们可以把它们放在一起进行比较，其共同点是形旁都是"木"，本义与木有关，其读音都由声旁决定，与声旁相近。③比形旁。这是指对若干声旁相同和形旁不同的汉字找出构形的差异。比如忠、钟、冲、肿等字，它们的共同点是声旁都是"中"，其读音都可以从"中"的读音上得到提示，而本义都与不同的形旁有关。

为检测字理识字实验的课堂教学结构是否能优化教学效果，我们建立了中低年级学生识字能力评价检测表（表1）。

表1　中低年级学生识字能力评价检测表

班级	学生			时间		总得分	
检测项目	检测记录						得分
字	音	根据形声字认读字音	正确8~10分	基本正确5~7分		错误5分以下	
	形	根据造字法认记字形	正确7~10分		错误6分以下		
	义	根据造字法推断字义	正确7~10分		错误6分以下		

班级	学生		时间		总得分	
检测项目		检测记录				得分
词	根据字理，找错别字	正确 7～10分		错误 6分以下		
	根据字理，理解词义	正确 8～10分	基本正确 5～7分	错误 5分以下		
	根据字理，造词说句	正确 8～10分	基本正确 5～7分	错误 5分以下		
阅读	根据字理，理解句子意思	正确 8～10分	基本正确 5～7分	错误 5分以下		
	抓住重点词，理解内容，明确中心	正确 8～10分	基本正确 5～7分	错误 5分以下		
拓展思维	运用字理理解生活中的词意	正确 8～10分	基本正确 5～7分	错误 5分以下		

检测表主要是体现学生的识字能力，从检测的结果来看，我们运用字理识字的教学来优化课堂教学结构，效果是好的。

5. 从字理识字到字理析词的教学探讨

字理教学并不是只停留在识字阶段，随着实验研究的不断深入，我们对由字理识字的教学实验到字理析词的教学实验进行了探讨。通过字理析词，提高了学生的阅读、写作能力。

（1）字理析词有利于培养学生的观察、分析能力。

（2）字理析词有利于培养学生的想象能力。

（3）字理析词有利于培养学生的创新能力。

（4）字理教学中造词遣句的尝试。

在我们进行实验中，学生的识字、析词能力达到一定的高度，我们安排了一些造词遣句的尝试，培养了学生的创造能力，让他们在创造中发现字理教学的乐趣。

比如在一节字理活动课上，老师要求学生根据字理知识，巧析自己的名字含义。有学生说："我叫'谭淞文'，'淞'字的左边是'氵'，右边是'松'，大家都知道，松树是万古长青的，可以在各种环境下生存。我妈妈为我取这个名字，也许是希望我像松树一样坚强。'淞'字左边的'氵'，是表示大量的水，就像淞江一样，意味着希望我的知识犹如淞江的水一样丰富。我们再看'文'字，'文'字上的一点表示一个人，下面的部分'又'则表示一张桌子，人经常在桌子上学习文化，当然有文化、有知识了，我的名字总体来说，就是坚强，有文化、有知识。"又有一名学生说："我叫梁钰婷。'钰'字由'钅'字旁和'玉'字组成。'金'和'玉'都是非常贵重的东西，我的父母就希望我以后腰缠万贯。再看'婷'字，由'女'和'亭'组成，女代表美丽、柔情，'亭子'是一种精致美丽的建筑物，给人的感觉是亭亭玉立。我的父母就希望我貌如天仙。"自己的名字是每个人再熟悉不过的文字了，解说名字的含义能让学生对自己的名字由熟视无睹走向重新认识，学生运用字理知识对自己的名字进行个性化的理解，能够产生趣味盎然的效果，既提高了他们对字理知识的兴趣，又增强了他们运用字理知识的能力。

（五）实验时间的安排

从1999年春季期开始，分三阶段进行。

1. 准备阶段

1999年3—6月。本阶段主要是学习"小学字理识字教学"的理论知识，为秋季期正式实验做好充分的准备。

2. 实验阶段

从1999年秋季期开始，正式进行字理教学实验，主要是以一、二、三年级为单位进行实验，第二年在全校每个年级选两个班分别进行实验。实验过程中，深入开展课题研究，收集资料及数据，撰写初步实验报告、论文。

一、二年级为第一阶段，以字理识字为主。三、四年级为第二阶段，字理识字与字理析词并重。五、六年级为第三阶段，主要是字理析词与遣词造句。

3. 评价阶段

2004年秋季期。由广西小学教育研究中心对我校的"小学字理教学课题"实验研究进行验收、评价。实验教师进行教学经验的总结、推广。

三、研究成果

（一）学生的识字能力得到了显著的提高

自1999年开展字理识字实验以来，我校低中年级学生对学习汉字产生了浓厚的兴趣，能在识字的同时考虑字理因素，把音、形、义结合起来，掌握了一定的自学汉字的能力。所学生字的巩固率高，错别字少。在字的书写上，学生们能做到结构匀称，笔画规范。字理识字教学法使汉字不再枯燥无味，而变得形象生动，有声有色。这既优化了识字教学，提高了识字效率，又减轻了学生学习负担。

2001年一年级实验班进行的横式对比，情况见表2。

表2　2001年一年级实验班横向对比

班别	N	认读正确率		默写正确率	
		人次	%	人次	%
A（实验班）	60	290	97.5	275	95.9
B（对照班）	63	282	95.0	236	91.4

2001年三年级实验班进行的纵式对比，情况见表3。

表3　2001年三年级实验班纵向对比

	学期	N	认读正确率		默写正确率	
			人次	%	人次	%
实验班	01秋季期	60	269	92.8	269	92.9
	02春季期	60	285	98.3	280	96.6

（二）优化了识字教学课堂结构，提高了教学效率

语文课堂教学运用字理识字辅助教学，对教师的教育观念和教学方法的改变是一个很大的触动，教师们将字理识字的方法运用于识字教学当中，在探索构建字理识字的教学方法的同时，也优化了识字教学课堂教学结构，提高了教学效率，促进了学生素质的提高，情况见表4。

表4　实验班与对照班对比

班别	N	平均分	总分	及格率	优秀率	结论
实验班	60	93.9	5929	100%	98.2%	有显著性差异
对照班	63	95.2	5997	98.3%	91.4%	

（三）全面提高了教师的素质

在五年的实验研究过程中，我校课题组的实验教师教学科研水平不断提高。

2002年，我校在字理教学课题研究中严格管理，成绩突出，被评为字理教学课题研究先进单位；我校教师陈碧军负责的贵港市教育科学"十五"规划科研课题"字理识字教学实验"荣获课题研究阶段性成果三等奖；我校教师李燕被评为区级字理教学先进个人。教师论文、教案获奖情况见表5。

表5　教师论文、教案获奖情况

	全国级	区级	市级	县级	镇级
论文/篇	32	15	8	5	12
教案/篇	1	2	2	8	10

教师参加各级教学基本功、竞赛获奖情况见表6。

表6　教师参加各级教学基本功、竞赛获奖情况

获奖级别	镇级	县级	市级	区级
获奖/人次	8	6	3	23

教师上各级公开课、研究课情况见表7。

表7　教师上各级公开课、研究课情况

区级	市级	县级	镇级
3节	3节	12节	10节

四、实验结论

第一，字理识字教学符合儿童识字的认识过程。

第二，字理识字有利于减少错别字。当前，小学生识字后在

写话、作文中出现错别字的频率较高，大都超过最低线0.1%的标准。出现错别字的原因很多，而最主要的是不明白汉字字理，在字（词）义上理解错误，或在字形上理解错误。而字理识字正是从汉字本身表达的字理上分析字的音、形、义，因而大大地减少了错别字。

第三，在教学中只要我们遵循学生的认知规律，激发他们的识字兴趣，允许他们展开想象，大胆创新，尽情交流，就能不断提高他们的识字能力，为其尽早阅读铺平道路。同时，也让学生与生俱来的独立性、怀疑性和创造性得到充分的尊重和长足的发展。只要教师能从根本上转变观念，从知识传授走向能力培养，那么学生就能快步进入祖国文化的殿堂，去领略那无限的文学魅力。

参考文献

[1]教育部基础教育课程教材专家工作委员会.义务教育语文课程标准（2011年版）解读［M］.北京：高等教育出版社，2012.

[2]贾国钧.字理识字研究与实践［M］.北京：中国轻工业出版社，1998.

[3]贾国钧.字理识字500例（一）［M］.北京：中国轻工业出版社，1998.

[4]贾国钧.字理识字500例（二）［M］.北京：中国轻工业出版社，1998.

[5]贾国钧.字理识字500例（三）［M］.北京：中国轻工业出版社，1998.

［6］贾国均.科学适用的字理识字教学法［M］.长沙：湖南人民出版社，2001.

［7］黄亢美.汉字学基础与字理教学法［M］.南宁：广西教育出版社，2014.

［8］黄亢美.小学语文字理教学手册［J］.小学教学（语文版），2008（4）：13.

坚守语文本真，生成课堂精彩

　　《语文课程标准》指出："应创造性地理解和使用教材。"崔峦先生也主张"用教材教"，反对"教教材"。但反思我们平时的语文教学，常常停留在"教教材"的层面上，只有点，没有面；只及"表"，不及"里"；只教"一个"，不教"一般"。高耗低效的现象很突出。

一、教学中通过训练总结，学习方法，形成能力

　　在小学中高年级的教学中，如何把握好教材，指导学生阅读和写作，是我执教的人教版小学语文第十一册《"精彩极了"和"糟糕透了"》这节课的理念依据。在备课中，我在深入钻研教材的基础上，运用新理念，深入精心地备课，为"用教材教"而备课，把"用教材教"的"活水源头"正本清源，从备课开始。我不只是挖掘教材中有价值的、需探究的内容，还挖掘课文里的读写结合点，如写人物语言对话的四种表达形式：提示语在前边；提示语在中间；提示语在后边；省略了提示语。学生有了积累之后，引导他们运用口头练习写三种人物语言对话的表达方式，有的放矢地进行语

言内化，达成能力。在语言训练的基础上，一针见血地指出，我们平时写作，凡是写到人物的可根据习作的需要，适当添加一些人物的对话。文章有变化，不以同一笔法平铺直叙才好看。我这一语言训练的教学环节，从预设到生成，充分体现了著名语文教育家叶圣陶先生说的："语文教材无非是个例子，凭这个例子要使学生能够举一反三，练成阅读和作文的熟练技能。"从而悟到了语文教学的真谛。

二、教学中通过提炼归纳，提高认识，积淀情感

语文课程的基本特点是工具性和人文性的统一。教学中必须在具体的语言学习、实践中，培养学生高尚的道德情操和健康的审美情趣。

在教学《"精彩极了"和"糟糕透了"》中，我还抓住重点段的研究，理解感悟巴迪对父亲的两种爱，通过读、批注等方式，积累语言范式，储蓄思想情怀，当这种情怀达到"井喷"时，老师巧妙地点拨引导，进行内化，正确理解父母、老师对自己的批评。这样，教学的情感态度、价值观就自然体现出来了，学生读的课文，说的话，写的文就变得很真切，很感人，做到言由衷发，文因情出。

除此之外，我还设计了多个与课文"精彩极了""糟糕透了"相似的例子，让学生感悟体会，理解"爱"的不同含义，再练习说、写、修改，真正把读写的知识转化为学生的能力。这些超越教材的学习活动，将对学生形成正确的价值观和积极的人生态度产生良好的影响。

三、教学中通过延伸拓展，增加积累，开阔视野

课堂教学必须拓展延伸，超越教材，将学生引向广泛的阅读，从而获得知识的积累，视野的拓宽。我在上课时，指导学生像巴迪那样根据父亲的批语，学着修改；要求联系生活，说一说，写一写等读写结合的教学。当课堂由课内迁移到课外时，适度延伸拓展，让学生说写，师生共同进行习作评价，并根据评价让习作者进行修改。以此让学生感受一篇好的习作是经过反复修改才能写好的。

我们欣赏并提倡"简简单单教语文，扎扎实实求发展"回归常态的语文课堂教学。洗尽铅华，回归本真的语文课堂，能让学生更有收获。这里的"简单"，指简单到一本教科书，一支粉笔，删去一些华丽的舞台，教师、学生不能受制于多媒体，热热闹闹一节课下来，教师品不出语文味，学生学不到知识。但简单的背后是教师深厚的文化底蕴，是过硬的教学技能，在备课中，善于钻研教材，用好教材，我们的语文教学才能有扎实的发展，生成精彩的课堂。

守住语文的"根"

新一轮课程改革的推行如同丝丝春风为我们的教育带来了无限生机与希望。在课改的浪潮中我以一个尝试者的身份怀着欣喜，在探索中走过了这风雨兼程的几年。在新课程的改革中，我已逐渐感到了新教材的"变"，在教学中尝试体验这种变，更加明确了自己的角色，从思想上、教育方法上在不断地尝试实践着。在语文教学中，应落实语言文字的学习和训练，让学生领略我国历史文化的博大精深。"万变不离其宗"，应通过万变转其宗，删繁就简，把"根"抓住，让语文教学"返璞归真"。字、词是小学教学的重点，而字理是识字析词的根本。运用字理教学法，揭示和解析字理，以使学生牢固建立字的形、音、义之间的联系，这是核心；启发学生展开想象和联想，是基本和有效的方法。语文教学要把"根"留住，必须加强字理教学。

一、创设情境，建立大语文观

根据儿童心理学家的研究，儿童的记忆力强，喜欢朗诵、听故事、背韵文，这是大量识字的有利条件。不少儿童教育工作者也发

现字、词和句子的发音常常和儿童的记忆联系在一起，而故事的语境自然和生活化的经验又可以帮助儿童推测故事的情节，制造一个具体而有意义的情境，让儿童透过图画推测故事情节和认识生字。比如教学"有"字时，我画一只手拿着一块肉的图，告诉学生：古时候，手拿着肉，表示这人很富有。学生边看字形的演变，边听解说，一个字的音、形、义就不知不觉地变为自己的知识了。教"隹"字，出示鸟的图画；教"采"字，出示在树上采摘的图画。这样的识字教学，比枯燥的点、横、竖、撇、捺教学，效果自然好多了。在阅读时教师鼓励学生更换教材中的某些词语，一方面可以刺激学生思考，另一方面可使学生在潜移默化中熟悉句式。韦弗（Weaver，1990）在*Understanding Whole Language：From Principles to Practice*一书中提到他对语文学习的意见：语言是整体的，不是分成各个技能。苏子（1996）进一步阐释了语文课的哲学：语文（口头或书面语）并非割裂而是保持完整；听、说、读、写并非孤立，而是贯穿整个课程；当学生被鼓励、允许从事真实的语文活动时，便可以从中发展语言及识字能力。在这样的教学环境中，教师不再是传统的教室操控者，而是退居幕后的导航员。实验证明，儿童阅读故事、利用日常生活经历帮助识字，除容易牢记生字外，与同伴分享作品的时候，更增添了成就感和满足感，不仅增进了师生间的交流，还可以解决儿童的成长问题，将文道适时统一融合。

二、教学方法，培养识字能力

古人云："授人以鱼不如授人以渔。"教学的目的不是简单地向学生传授知识，而是要教给学生自主学习的本领。因而有人说：

"未来的文盲不是不识字，而是不会自学的人。"未来社会是一个科学技术突飞猛进、充满挑战的高素质人才的社会。结合新时代对创新人才、复合人才的要求，教师要从"教"的理论中走出来，在识字教学中将教师"教"的能力，转化为学生"学"的能力。在字理教学中，字理识字的大体程序有：读准字音—解析字理—识记字形—指导书写。采用的基本方法有：①图示法。比如教"隹"字，出示鸟的图画。②分析法。这是根据汉字的造字规律帮助学生理解字义。比如教会意字"采"字，出示手在树木上采摘的图画。上部分像手指，下部分是"木"，这样，学生不但能了解字义，还掌握了字形。③点拨法。如教"牧"字，点出左边是"牛"的变形，"攵"是手拿鞭、棍的意思，而手拿鞭子放牛，正是"牧"的本义。④联想法。如教"沙"字，启发学生想象河水少会看到什么——水少而沙现。⑤直观演示法。这是通过观察实物、图画、表情、动作、实验、表演等方法帮助理解字义的方法。比如学"灭"字，做火上加盖就灭的实验演示等，这种方法形象直观，学生学了后印象深刻。⑥歌诀法。比如教"适"字，可引导学生练习歌诀"舌头已说，行动跟着；言行一致，这才合适"来帮助记忆。⑦猜谜法。比如教"臭"字，我出谜面"只因自大一点，惹得人人讨厌"，让学生猜。字理识字教学法适用任何一种语文教材。它在不增加学生负担的前提下，强化学生对汉字音、形、义的记忆，能有效地预防错别字的产生和减少错别字，有利于学生观察能力、理解能力和想象力的培养。

汉字是表意文字，绝大部分汉字是一个字的同时也是一个词，有独立的意义。字义教学对字形教学有很大的帮助，可以减少机械

识字，增加意义识记。同时对培养学生的阅读能力也很重要，因为理解文章内容必须先理解每个字、词的意思。汉字具有同义、近义、多义、反义等复杂现象，所以从字的教学开始就要帮助学生建立正确的概念，使之领会字义的内容、感情色彩和用法，不断丰富学生的词汇并能正确地运用于读写。

三、通过字理析词，提高学生的阅读、写作能力

（一）字理析词有利于培养观察、分析能力

在字理教学过程中，强化字不离词，词不离句。帮助学生巩固记忆，灵活用词。比如教学《骄傲的孔雀》这篇课文的第五自然段时，有一个词语"湿淋淋"需要学生理解。以前的教学中，教师是借助幻灯片让学生直观地理解词义，但相当一部分学生不能准确理解词义，误以为"湿淋淋"即"淋湿"。在本次教学中，"湿淋淋"不是生字，我根据词义和字形的特点，选择运用字理来析词。教师提示学生："'湿淋淋'这三个字的偏旁是什么？这说明湖里的那只鸟湿得怎样？"学生争先恐后地发言。有的学生说："它全身都湿了。"有的说："它被淋得像只落汤鸡。"我笑着插了一句："这水还不够多啊！"学生心领神会。有学生马上站起来补充："它全身都湿透了，从头到脚不停地往下滴水。"教学效果非常明显，学生的理解很到位。学生的观察能力、分析能力被充分调动起来，确实起到了一箭双雕的作用。在以后的学习生活当中，学生在碰到一些陌生词语，身边又没有工具书时，通过自己的观察、分析来进行字理析词会给他们的阅读理解带来很大的帮助。

（二）字理析词有利于培养学生的想象能力

解析字理就是对汉字"六书"的分析，其中最基本的是象形字。一般来说，解析象形字字理时必须给儿童展示由图画到古汉字再到楷体汉字的大致过程，并着力去寻找它们三者之间的联系，即找出它们之间形体的共同点，以建立由图画到楷体汉字的思维过程。比如教学"滚"字时，我请学生根据汉字的各个部分，发挥想象给它编个小故事。学生你一言我一语，尽情发挥想象，最后这样编：老公公的儿子把老公公的衣服撕成两半，还叫老公公滚，老公公伤心得直掉眼泪。老公公的儿子不孝顺老人，不好！我被学生的丰富想象力深深折服了。通过这样的字理识字，学生不但学得轻松，记得牢固，而且形中有理，形中有义。更重要的是，凭着想象的翅膀，他们将在知识的海洋中畅游。

（三）字理识字有利于创新能力的培养

新课标特别倡导自主、合作、探究的学习方式，注重培养学生的语文实践能力和创新精神。在字理教学时，如教生字"毯"，在解析字理时，有的学生说："'毛毯'和'毛'有关系，所以是'毛'字旁。"我肯定了他的说法，又因势利导："能不能用'火'字和'毛'字的关系来记一记'毯'？"学生想了想，有人举手说："课文中的地毯是火红火红的凤凰花织成的，所以'毯'字的左边是'毛'字，右边是两个'火'字。"我表扬了这个学生，又说："还有别的记法吗？"又有学生举手说："毛毯盖在身上很暖和，坐着烤火身上也很暖和，所以'毯'字的左边是毛字，右边是两个火字。"像这样的例子举不胜举。同一结果，不同的表达，我总是大力提倡。这样，学生在语文学习中的主体地位才能得

以确立，他们的个性及创新精神才能得到培养。

综上所述，在教学中我们只要遵循学生的认知规律，激发他们的识字兴趣，允许他们展开想象、大胆创新，尽情交流，就能不断提高他们的识字能力，为尽早阅读铺平道路。抓住语文教学的"根"，就要求落实语文的本体，依据科学的方法，（提高的不仅是语言本身的能力，而应将文化素养、道德情操的熏陶，观察认识事物的能力，思维品质的培养，融入其中）对学生进行长时间的扎实有效训练才能使他们形成和奠定起坚实的语文功力以及可供将来终身学习发展的语文基础。只要教师能从根本上转变观念，从知识传授走向能力培养的课堂，那么学生就能快步进入祖国文化的殿堂，去领略那无限的文学魅力。

参考文献

［1］教育部基础教育课程教材专家工作委员会. 义务教育语文课程标准（2011年版）解读［M］. 北京：高等教育出版社，2012.

［2］贾国钧. 字理识字研究与实践［M］. 北京：中国轻工业出版社，1998.

［3］贾国钧. 字理识字500例（一）［M］. 北京：中国轻工业出版社，1998.

［4］贾国钧. 字理识字500列（二）［M］. 北京：中国轻工业出版社，1998.

［5］贾国钧. 字理识字500例（三）［M］. 北京：中国轻工业出版社，1998.

［6］黄亢美. 汉字学基础与字理教学法［M］. 南宁：广西教育
　　　出版社，2014.

［7］黄亢美. 小学语文字理教学手册［J］. 小学教学（语文
　　　版），2008（4）：13.

放飞童心：活水、活思、活路

我在教学生涯中，慢慢体会着叶圣陶先生说过的"教材无非是个例子"。课本只是那么薄薄的一本书，由几十页的纸张粘贴而成。而新的理念下的语文教学却要求教师要把语文这一门课程同大千世界的方方面面联系起来，把丰富多彩的社会生活引入语文课堂，进而再把学生拉到大千世界中去学习、理解并且真正地运用语文。这样的理念就要求教师要有全新的视野，创造性地使用课文这个例子，用好例子，用足例子，用活例子。用好例子即说理透彻，用足例子是运用要充分，用活例子是要有创造性。回顾工作之路，"活"主要体现在以下几点。

一、活化教材，补充教材

语文这一科知识不仅仅局限于教材，作为教师必须帮助学生最大限度地拓宽语文学习内容，争取语文学习空间，激发语文学习兴趣，打通由课内向课外延伸的渠道。让学生带着生活经验与感受走入语文课堂，又带着语文课堂的收获与感悟走向社会生活。

朱熹曾说过："问渠那得清如许？为有源头活水来。"这就

要求教师结合单元主题特点以课文为源头，挖掘出新的活水，为课文注入新的空气，进而拓宽学生的思维空间。比如在教学关于"热爱家乡"这个语文单元教学专题的时候，我有意识地把《品德与生活》课本中的夸家乡、描绘家乡的章节引入语文课中。教学中引导学生自主地走向生活，通过生活观察，与家长、亲朋的访谈、询问，利用网络查询等方式收集家乡风景、特产、人物和建设成就等方面的情况；指导学生将了解到的情况用口头语言形式进行加工整理；给学生提供机会进行展示。在展示的过程中激发学生对家乡的热爱之情。在这样的活动过程中，学生能真切地感受到学以致用的快乐。发现生活与语文的天然联系。更重要的是学生在动手、动脑的过程中，体会到语文与生活的天然渊源，发现更多的语文学习资源，开发一个无限广阔的语文学习天地，从而使学生能自主地、合作地、探究地学习语文，从根本上转变学生的学习方式。

二、游戏中学习，激活思维

在小学语文教学中，有了新的"活水"后，还要有一种"活思"，对于低年级学生来说，一节课四十分钟不可能完全处于学习状态，而调动学生的积极性，开发创造性思维，无疑少不了引入游戏。让学生在游戏中学习知识，把学习当成乐事。在这种情况下，教学效果会有很大的提高。比如课前品尝"游戏点心"，让学生在轻松愉快的心境中预习课文，使知识得到巩固与积累，同时唤起他们的学习需要，使其进入积极主动的状态，为课堂教学做好充分的准备。比如生字卡片传递，既是对字的认识与巩固，又是对词语的积累；课中畅游"游戏世界"，积极主动学习新知识，这样的

游戏多运用于生字的认、写学习中。比如猜字谜、拼装部件成字等游戏，让学生乐于学习，寓教学于游戏中。让学生在快乐中掌握知识，成为学习真正的主人。

三、自觉参与，主动学习

比如在教学《画家和牧童》这一课时，教师引导学生看图，展开合理的想象，充分体验画中人物的内心活动。师生在交流"还有什么人在夸赞大画家的画"时，让学生领会到"纷纷夸赞"的意思。另外，教师又以让学生对大画家、小牧童说句话的交流形式，入情入理地体会他们的良好品质。这样既有助于学生养成善于观察，敢于表述自己真实感受的习惯，也有助于提高学生的读写能力。

再如在识字教学中，把识字的主动权交给学生，让他们自主加拼音、组词，在课前预习时就要解决一些问题。用查字典、查资料或询问做好提前预习，给学生心灵放飞的自由，这样学生的积极性就会调动起来，学习潜力就会充分发挥。学习力量和学生个体的经验结合起来，就会内化为他们自己的一种体验，这种体验会升华为一种学习新知识的动力。从识字这个角度来说，就转化为新课标提出的"主动识字的愿望"→"浓厚的兴趣"进而逐步"养成主动识字的习惯"。

教学的宗旨就是让学生学得快乐，学得主动，学得有创意。但这同时带来了不少问题，即放得太多时会有些放纵，不易于调控；生生之间缺少合作，自私自利，与语文人性化教学相悖；生字教学方法单一等。针对生字教学单一的问题，我大胆地启用学习班长教

学生字（从班里挑选一个学生临时代替教师进行生字教学）。一个学生一种方法，学生不易枯燥，且极大地调动了学生的积极性，激发了学生学习的兴趣。为了加强学生的合作意识，我先以命令的方式让孩子两两合作，确立一帮一互助小组，并定期进行检查，落实合作情况。对合作好的小组进行奖励，调动学生的合作兴趣，进而为在课堂上多人小组合作打下基础。同时，合作交流学习也培养了学生的团体意识和协作精神。

如果教师能把学习变成乐事，让学生在游戏中学习知识，教学效果必然大大提高。同时归还了学生一个真正快乐的童年。雅斯贝尔斯在《什么是教育》一书中反复强调说：教育的过程首先是一个精神成长的过程，然后才成为科学获知的一部分。他将"精神成长"置于"科学获知"之前，真正从"以人为本"的角度诠释了教育的过程。我们的教育应该更多地提出和实施生命教育，使学生拥有自由的空气、民主的精神、平等的对话、心灵的撞击、成长的体验、探索的追求、丰富的生活、未来的憧憬。真正树立终身教育观，让教育成为唤醒心灵的音乐，让学生享受教育，享受生活，享受人生。

放飞童心，呵护童心，教材活、思维活、教法活，活而不乱。活化教材，缩短教材内容与小学生的空间距离，让学生身临其境。活化思维，缩短课文事物与小学生的时间距离，让学生不陌生。活化教法，让教者走进童心世界，缩小教师与小学生的年龄差距，与小学生一起感悟语文的本真，分享生活的美好。

真实、朴实、扎实

——理想语文课堂教学的思考

"忽如一夜春风来，千树万树梨花开。"语文课堂教学在课改下如春风般吹遍了大江南北，新课改那崭新的理念犹如春风化雨，滋润了教师的心田。新课标深入人心，受人欢迎。可是，不少老师曲解其义，把语文公开课上成了自然课、音乐课、美术课等。教师、学生受制于多媒体。热热闹闹一节课下来，教师品不出语文味，学生学不到知识。我认为，语文课的教学绝不能仅仅停留在理念的更新上，语文课教学改革也绝不能仅仅停留在教师口中。理想的语文课堂是什么样的？理想的语文课堂又应该给予学生些什么？或许，一千个语文教师会有一千种观点；或许，昨天、今天和明天，我们都会有不同的理解。问题不可能有一个终极答案，但每位语文教师又必须面对，必须思考，并且必须做出自己的应答。

人民教育出版社编审、教育部课程教材研究所研究员、教育部语文课程标准专家组核心成员崔峦老师曾说过："教学的最高境界是真实、朴实、扎实。"我也认为，语文课应该姓"语"，就是要

紧紧抓住语言文字不放松，就应该着眼于一个标点、一个词语、一个句子开始构建或更新学生的语言世界。与此同时，构建和更新学生的人文世界，使我们的语文课堂充满浓浓的语文味。

一、理想的语文课堂应该是真实的

我们所生活的这个世界正日益喧嚣浮华，但肩负着教书育人职责的我们更需要、更渴望真实！然而透视我们的语文课堂，那些"美丽"的背后是什么？是千锤百炼，直至天衣无缝。课件的美轮美奂，花样的层出不穷，高潮的频繁迭起……现在的语文课堂真的太完美了！完美得无懈可击，让人叹为观止。这样的语文课堂一旦背离了真实，那所谓的"观摩""示范"价值又何在呢？恐怕留给教师的只有深不可测的感慨和遥不可及的羡慕而已。语文课堂不是"时装秀"，虚假的课堂不仅没有看头，还误人子弟。学生们在一遍又一遍地机械排练的过程中，究竟收获了什么？我们不得而知。但从他们厌倦的叹息中，我们知道：他们累了！从他们强作欢颜的言行举止中，我们知道：他们的独立人格丧失了！他们选择了顺从、沉默以及"合作"。这样的课堂，这样的教育，岂不是莫大的悲哀？！

"千教万教教人求真，千学万学学做真人。"全国著名特级教师薛法根在从教之初，执教《十六年前的回忆》一文时，为了给领导、老师留一个好印象，着实下了一番力气，他查阅补充资料、设计电教媒体、推敲教学用语。其中有一个教学环节，要求学生写一段对李大钊的学习感言，他生怕学生当堂写不好，就让学生回家提前做准备。结果，课堂上，学生的感言写得激情澎湃，教学似乎达

到了高潮。谁知在他等待赞美的时候，他的导师庄杏珍老师一针见血地刺破了这个课前的"小把戏"：这是在上课吗？上课不能作秀，做人不能作假！真实，才是课堂教学的生命！由此可见，理想的语文课堂必须远离表演，坚决摒弃"作秀"！或许，真实的语文课堂不是完美的课堂，但是不真实的语文课堂绝对不可能是完美的课堂；真实的语文课堂将走向完美，而不真实的语文课堂永远都不可能走向完美。

二、理想的语文课堂应该是朴实的

教语文课，难；教好语文课，更难；把复杂的语文课教简约，难上加难。在语文课堂上曾执着于热闹，也经历过浮躁，异彩纷呈的语文课堂让人迷醉，更让人迷惑。那么，语文课堂上五彩缤纷、沸沸扬扬的表象下，涵盖的究竟是什么？学生们在这样看似热闹的课堂里，学到的又是什么呢？华中师范大学杨再隋教授在《语文本色和本色语文》一文中对当前语文教学的问题进行了剖析，呼吁要还语文本色。其中他列举了小学语文课堂教学中普遍存在的五种现象，分别是："虚"，弱化语文的"工具性"，训练不扎实、不到位；"闹"，为体现学生的主体性，刻意追求课堂的热闹，而造成"假主体行为"；"杂"，过分张扬语文的"人文性"，非语文的东西"越俎代庖"；"碎"，零敲碎打，置语文内容的整体性于不顾；"偏"，轻视"双基"，完全否认接受学习，弱化教师职能。

在这样的氛围中，我们的语文课堂逐渐出现迷失"自我"，发生"错位"的现象，当语文教学逐渐被抹去了本色，拧干了原汁，出现了"乱花渐欲迷人眼"的时候，语文教学急需回归本色，返璞

归真。课标上有一句话非常经典："少做题，多读书，好读书，读好书，读整本的书！"语文课应该追求简单，简化头绪，突出重点，不要硬给语文课加重任务，拔高要求，也不要脱离学生实际，求全、求多。不要把教学环节设计得过于复杂，也不要使教学方法花样翻新，更不要让课件充斥课堂，喧宾夺主。语文教学应该抓住语文最根本的东西——语言和文字，让学生在课堂上读读写写，做到简简单单教语文，轻轻松松学语文，最大限度地发挥学生的主体地位，促使学生积极地、主动地参与学习，不断提高学生的语文素养。

三、理想的语文课堂应该是扎实的

语文课是一门工具学科，"工具性"是语文课堂教学永远不能回避的问题，课改的前几年我们太重视"人文性"而忽略了语文教学的"本"，这是重大的失误。"人文不是语文"，语文姓"语"，语文课堂上永远需要扎扎实实的语言文字训练。著名特级教师于永正在小学语文教学上有很高的造诣，我有幸听了他的几次公开课，总的感觉是，参与他的课堂，听者往往沉浸在美好的教学境界之中，深深地被他深厚的文化功底和精湛的教学艺术所折服；内涵丰富、情趣浓厚的教学内容呼应转承，主体与主导水乳交融，个体指导与群体相得益彰，谁不为此击掌赞叹呢？

就小学语文教学而言，最重要的就是要奠基固本，要求切实，训练扎实，效果落实。教学目标清清楚楚、简简单单，教学过程轻轻松松、兴致勃勃，教学效果扎扎实实、实实在在。课堂教学要以学生为本位，重视听说读写。要以课本为蓝本，以读书为主线，以

思维训练为中心，以说话训练为突破口，扎扎实实打好学生的语文基础。在教学过程的处理上，可以让学生获得大块"读"的时间，且必须读得荡气回肠；可以让学生拥有大块"说"的空间，且必须说出自己的心里话；可以让学生占有大块"写"的自由，且必须言由衷发、文因情出！

我们欣赏并提倡"简简单单教语文，本本分分为学生，扎扎实实求发展"的回归常态的语文教学。洗尽铅华、回归本真的语文课堂，能让学生更有收获。在教学中，教师需要捧出一颗对教育虔诚、对学生真诚的心；一颗淡泊名利，无私忘我的心，这样才能真正达到教学的最高境界的"三实"。

浅谈教材插图的特点及运用策略

在新课程教学改革背景下，部编小学课本也出现了很大的变化，在课文的类型、数量等方面将插图的位置、内容以及风格进行了展示，通过新旧语文课本中的差异将小学语文教学的新气象展示出来。因此，小学语文老师应在对课本插图深入把握的基础上，根据生本教育理念，科学、有效地应用小学语文部编版教材，最大限度地发挥插图的实用功能，构建高效化的语文课堂教学模式，培养学生在对语文知识独特魅力的感受下的语文核心素养。

一、借助插图来对课堂教学情境进行优化

兴趣是学生学习知识内容最好的老师，也是学生实现对语文知识积累和语文学习能力培养的重要基础。学生语文学习兴趣和学习能力的培养需要以有效的教学情境为基础。小学语文老师在教学中利用部编版课本中的插图，积极构建具有趣味性和知识性的教学情境，让学生在课程教学中对语文学科趣味性进行体验，从而有效地激发学生对语文知识学习的兴趣，让学生更加主动、全面地参与到课堂教学中，实现对学生课堂教学主体地位的充分尊重。

　　比如，在小学语文《荷叶圆圆》这一课教学中，小学语文教师需要在对"荷叶圆圆"进行深刻理解的基础上来对课本中的插图进行深化把握，这就是以红色和绿色为主色调，对现实生活中的植物进行描述，如盛放的花朵、自由自在游泳的鱼、翩翩起舞的蜻蜓等。接着，小学语文老师可以应用多媒体教学模式，通过制作和播放"荷叶圆圆"多媒体课件，在动静结合的方式下将课文中的插图有效地呈现出来，借助现代教育技术，推动课本中插图教学价值的提升。同时通过对插图资源进行利用，对"荷叶圆圆"课文教学情境进行优化和调整，学生在对课文插图以及相对应的多媒体课件观看时更好地融入课堂教学活动中。通过对插图内容的分析来更好地理解课文的主题思想，教师科学化地设置各类问题，师生之间进行有效的互动和交流。在问题引导下对插图进行观察和解读，实现与课文作者进行深层次的对话和交流，让学生更好地对文本主题思想进行把握，从而对课文中插图所表达的意图进行有效的理解。在深刻感知课文中插图意境和内涵的背景下，有效提升学生对语文课程的学习兴趣，锻炼学生的语文思维能力。

　　此外，小学语文部编版教材中的插图通常画风比较古朴，这有助于对中国传统文化的弘扬。从部编版小学语文课本中的插图来看，更多的是水墨画或者水彩画，色彩鲜艳，很吸引人，画面也十分生动、形象。插图和课本内容已经实现了有机的统一，符合小学生的视觉审美需求。此外，在课本插图中将中国文化元素进行融入，有利于学生在对语文理论知识进行有效掌握的基础上，更好地认知和了解中国传统文化。比如，小学语文课本中，《江南》《咏鹅》等古诗词中就是在水彩画、水墨画相互融合的基础上来对课本

插图进行绘制的，这样就能推动文字意境和课本插图有机融合，更好地吸引学生在课堂教学中集中注意力。

二、运用插图来有效地理解课文

在小学语文课程教学过程中，开展多样化的课堂教学实践，对学生的语文学习能力和学习品质进行培养的一个关键点就是通过语言知识的积累，激发语文思维能力。小学语文教师对课堂教学内容进行优化，可以将部编小学课本中的插图进行巧妙的引入，这样可以让课堂教学内容变得丰富，将课文教学内容进行直观、生动的展示，使学生对课文内容轻松理解，在学生对语言知识进行有效积累的基础上锻炼他们的语文思维能力。

比如，在小学语文《怎么都快乐》这一课教学中，因为这一课有四个小节，每个小节都设有一张插图。第一小节的主要内容就是讲述搭积木、踢毽子等，所对应的插图是一个小孩在搭积木，旁边有一只小猫在嬉闹。在插图的引导下，课文中的文章将具有很强的趣味性，将小孩童真年代的童趣淋漓尽致地展示出来。学生在对插图进行观看和解读过程中，对《怎么都快乐》课文内容将有更加生动、形象的理解。对此，老师在这一课讲解中，可以将课文中的插图进行巧妙的引入，这样就会让单一、抽象的课文文字内容变得更具有趣味性和生动性，直接降低学生对课文的理解难度，提升课文教学的趣味性。此外，小学语文教师在课程讲解过程中，可以将《怎么都快乐》这一课四个小节的插图作为教学导线，将课文知识融入这四个小节中，在师生互动交流中让学生深入思考，使他们轻松理解课文内容，学生在积累语言知识的同时，对插图中的内容、

意图等有更好的感知，从而有效地激发他们的语文学习思维。

三、运用课本插图来深化课堂教学实践

实践活动是对学生的语文学习能力和素养进行培养的一个重要途径。小学语文教师在课程教学过程中，可以运用课本中的插图来深化语文实践活动，让学生在实践教学中对语文知识和技能进行准确、高效的理解和掌握。让学生在学以致用的基础上提升自己的语文知识层次，实现学生语文能力素养的深化，最大限度将部编版语文课本中的插图作用发挥出来。

比如，在《剪窗花》这一课教学中，窗花样式的图案在《剪窗花》这一课中的空白位置插入进来，课本中左上角的插图描画的是一只喜鹊停留在梅花树梢上，这样就将课文内容和插图有机地结合在一起，这里面也蕴含着各种各样的中国文化元素。小学语文教师在《剪窗花》这一课教学中，对课本中的插图巧妙地进行运用，对课内语文课程教学实践进行深化，积极组织开展"剪窗花"的主题教学活动。这样来引领学生对自身潜能进行深入挖掘，对课文中的语文知识和剪纸方法来巧妙地进行掌握，让学生在动一动、折一折等活动中，实现和课本插图的零距离接触，在知识呈现过程中，让学生对课本中的文本情感深刻地进行把握，同时让学生对中国传统文化有更好的理解和认知。教学在对中国传统文化元素进行深入了解，对学生的语文思维能力进行深化培养，推动学生人格不断健全的基础上对中国传统文化意识进行有效的弘扬，从而使课本插图在语文课程教学中得到有效应用。

四、结语

在语文课本中，插图是编者进行设计和绘制的，也是十分重要的课程教学资源，是语文课本中的第二语言，将有助于提升语文课程教学的趣味性。所以，小学语文教师在课程教学过程中，要深刻地把握插图的特征从而对插图价值进行深入挖掘，在小学语文课程教学过程中将插图资源贯穿其中，实现语文课程教学效果的逐步提升，让学生在对语文知识进行有效理解的基础上，将语文课程教学的价值充分发挥出来，也要让学生对传统文化有更好的认知，有效培养学生的语文核心素养。

（刊登在广西教育学院主管、主办的《小学教学参考》2022年第三期P56）

参考文献

［1］齐曼古丽·亚森.小学语文教材插图在教学中的重要性［J］.课程教育研究，2019（4）：140.

［2］刘洋洋，钱加清.小学语文教材插图运用现状及建议［J］.课程教学研究，2017（4）：59-62.

［3］陈海燕.教材插图的德育价值简析——以小学语文统编教材为例［J］.中小学德育，2018（7）：57-59.

探讨单元拓展的阅读教学方法

——以部编版小学语文为例

教师在阅读教学指导阶段，应用单元拓展阅读教学法，对学生阅读学习能力的发展有着关键作用。尤其是现如今的小学语文阅读教学，注重学生的阅读学习基础的累积，帮助学生提升阅读能力，确定主题之后课程教学目标始终按照主题要求进行。教师应用这种课程教学模式，能够给学生的发展进步奠定良好基础。拓展阅读在统一主题的引导之下，与多篇阅读存在一定的相似性。教师要优化应用各类教学资源，帮助学生完成课程内容的整合与提炼，不断提升学生的阅读学习水平，本文将探讨如下。

一、现如今小学语文阅读教学的常见问题分析

小学语文教师在阅读教学指导期间，所应用的课程教学方式方法存在问题，势必会影响课程教学效率。因为在教师的心目中，已经形成衡量学生阅读学习质量的标尺，教师容易忽视学生在基础学习能力探究分析阶段的差异性。这会导致学生在阅读学习阶段，

能够获得的自我发展机会相对有限。学生在阅读学习期间的效率不佳，就会影响其学习水平。在这种情形之下，学生长期处于一种被动学习状态，想要提升阅读学习能力所面临的困难诸多。学生不能通过课本教材内容，将自己的阅读学习范围扩大化，对课文内容的理解与记忆效果也会受到影响。

另外教师在确定课程教学目标期间，也存在未考虑学生实际情况的现象。教师对课程教学目标的把控能力不足，未能将教学目标贯彻于教学活动之中，在这种情形之下，想要应用新的课程教学方法存在诸多的问题。且教学目标与教案联系在一起，学生在阅读学习阶段过于随意或放纵，甚至会出现教学主题与教学目标偏离的情形，这样一来教学活动的秩序性就会不足，课程教学效率明显降低。

二、阅读教学阶段，优化应用单元拓展教学方法的相关举措

（一）注重学生兴趣引导，扩大学生的知识面

小学语文阅读教学指导，关注学生的文化学习基础，加强学生阅读能力的培养。在单元拓展教学方法应用期间，教师要帮助学生深入探究，将各类教学资源优化应用起来。不少学生在阅读学习阶段，本身就对课本教材内容较为排斥或者抵触。在这种情形之下，学生的阅读学习兴趣培养，要在了解学生心理特点、性格特点的前提之下，给学生推荐相应的读物。诚然，单元拓展阅读教学，已经是学生在阅读学习阶段的创新实践，但从学生的长远发展进步来看，教学方法只是其中的一部分，教师给学生按照个人兴趣选择读物的机会，才能够保障课程教学质量。当学生阅读范围扩大化，在

阅读学习探究期间，就能够将自己的知识面扩大化。学生对语文课程内容就有全面的认知。在教学主题的引导之下，学生在阅读学习的过程中明确发展定位，通过累积与实践，学生在阅读学习阶段就能够收获更多。

（二）单元拓展整合阅读模式的构建

语文教师应用单元拓展阅读教学法，在实践阶段要保证单元整体与拓展教学的有机结合。教师在拓展阅读期间，合理把控教学时机做好引导，就能够帮助学生全面掌握单元知识内容。教师将单元知识内容统整归置，将课内外教学资源融合应用起来。了解学生的学校实际情况之后，补足教材内容。单元教学的价值影响作用由此展现出来。学生在人文性的教学主题引导之下，获得发展学习思维的机会。这时候课外的阅读学习材料，能够助力实现启迪学生思想，深化教学模式的价值影响作用。无论是从语言建构还是从实践应用层面上看，学生都能够获得思维能力发展的机会。学生在沟通交流的过程中，有机会深入课本内容之中，全面探究分析文本内容，不断提升自己的学习水平。

合理利用群文阅读，将课程内容与拓展教学活动紧密联系起来。教师在备课期间，将单元整体的教学目标确立起来，增强自己的阅读学习体验感极为关键。尤其是在启发学生学习思维，帮助学生深入课外阅读探究的过程中，教师有一定的责任感与使命感。将群文阅读教学模式应用起来，实现读写结合并展现其在教学实践阶段的价值影响，此时的阅读教学互动更加立体化。当教师确定阅读教学的主线之后，当单元拓展与群文阅读相互糅合，此时的课程教学重点难点便确立起来，对于学生来讲也是培养阅读学习能力的

关键。

（三）注重课堂互动交流，增强体验感

小学生在阅读探究学习期间，有进行互动交流的诉求。尤其是在阅读体验、交流互动的过程中，能够拥有良好的情感共鸣，则能有效提升阅读教学质量。在单元拓展教学方法应用期间，教师要帮助学生发展学习兴趣，鼓励学生在实践探究阶段，加强互动交流，分享自己的阅读学习观念。在教学主题的引导之下，教师也可以设置读书角，鼓励学生积极开展阅读交流互动，将自己喜欢的作品互换阅读，扩大自己的知识面。这样一来教学资源优化应用起来，每个学生都能够积极主动地参与阅读探究环节。教师在此阶段不仅是教学的引导者，也有责任帮助学生推进多向互动交流环节，与学生一起分享阅读探究的快乐，让学生发展语言表达能力，做好课程内容的归纳总结，将自己的阅读学习范围扩大化，不断提升教学水平。

（四）精读与泛读紧密结合

教师指导学生进行单元拓展阅读教学，要保障自身的专业实力。在教学实践引导期间，将教学活动专业化进行设计与应用，才能保障各项教学活动都能够按照计划目标进行。教师的专业素养会直接影响学生的发展进步。所以教师需要转变教学理念，让学生在教学情境中收获更多，不断提升阅读教学专业实力。无论是在理论研究阶段还是实践教学阶段，教师都能够掌握课程教学的主动权，那么传统课程教学模式的局限性就能得到有效突破，学生的未来发展进步也能得到保障。

教师在阅读教学引导期间，需要将阅读技巧传递给学生，帮助

学生在阅读学习阶段找到窍门，不断提升其阅读学习效率。教师在单元拓展教学阅读方法应用期间，对学生阅读技巧的培养也需要有针对性地进行，而不是盲目地给学生施加压力，要求学生掌握更多的阅读学习技巧。尤其是小学生在阅读学习阶段，对具象思维的依赖性较强，就更是如此。教师给学生圈定学习框架，会给学生带来更多的学习束缚问题，影响学生的阅读学习质量。在单元拓展的过程中，教师要将核心的文章确立起来，通过精细讲解的途径，快速抓住文章的主旨。引导学生在阅读学习阶段把控好速度和节奏，再辅以相应的阅读学习技巧的引导，学生就会自己总结学习经验，在探索分析的过程中不断完善自我，逐步提升阅读学习水平。

三、结语

小学语文阅读教学指导期间，将单元拓展教学法应用起来，教师要在了解学生发展实际情况的前提之下，采用循序渐进的教学方法，帮助学生掌握学习技能，拓宽学生的阅读学习范围。当学生与教师在阅读学习阶段，能够保持互动交流关系，语言材料、阅读学习基础有效累积时，小学生在日后的阅读学习过程中，就能够积极参与增强自己的阅读学习体验感，在实践中不断完善自我，获得长远发展进步的机会。

参考文献

程意灵. 基于项目化学习的小学语文自主阅读教学探究——以部编版小学语文第三册"我爱阅读"栏目为例的实践反思 [J]. 读写月报：语文教育版，2019（12）：52–55.

智慧学习生成性教学优化设计

在教学改革持续推进的时代背景下，新课标对小学语文教学提出了更高的要求。它不仅要求发展学生的文化素养、人文素养和思想道德素养，也要求培养学生的生成能力，即主动选择、建构、加工信息的能力。由此，以培养学生生成能力的生成性教学被应用到了小学语文教学当中。但从当前小学语文阅读生成性教学情况来看，教学效果不容乐观，教学设计也有待进一步优化。可见，对于小学语文教师来说，以智慧学习为理论基础来设计生成性阅读教学显得至关重要。

一、智慧学习和生成性教学的内涵及特点

智慧学习是基于互联网技术，以多媒体设备、电子书包、交互式电子白板等为教学辅助工具，以学生独立学习、小组合作学习为主要形式，以提高学生的学习主动性、灵活性为主要内容，以发展学生的生成性、创造性学习能力为主要目的的学习途径。它具有资源形象化、方式多样化、沟通实时化、指导个性化、效能最优化的特点，在教学过程中，教师可借助多媒体设备给学生提供图片、视

频、动画等形象化的教学资源，通过交互式电子白板与学生进行沟通交流，根据学生课堂反馈调整教学方式，依靠实时通信工具与学生进行沟通，了解学生的学习状况，给予学生针对性的指导，以提高教学效能。

生成性教学是一种以课堂师生互动状态为依据对教学思路、行为、方法等进行调整的教学形态，是一种既需要规则，又要在适当的时候放弃规则的教学形态。它具有参与性、非预设性及交互性的特点，参与性在于以学生主动参与为前提，让学生参与教学全过程，而不仅仅是课堂提问与练习环节；非预设性在于教学过程的推进不是由教师单方面决定的，也不是在教学设计中可以预料到的，而是通过师生的互动过程完成的；交互性在于强调教师、学生以及教材三者的互动，让学生在原有认识的基础上，通过与教师及文本的对话交往，实现知识的获得与能力的提升。

在智慧学习下进行小学语文生成性教学的优化设计，教师不仅要充分了解智慧学习与生成性教学的内涵及特点，也要体现语文的学科特点，凸显学生的课堂主体地位，并使教学设计符合学生的"最近发展区"。

二、智慧学习下小学语文阅读生成性教学优化设计策略

（一）深入分析教材及学生

只有教师对教材及学生有足够的了解与掌握，才能够保证教学设计的合理性与科学性。因此，智慧学习下小学语文阅读生成性教学优化设计的第一步，就是要深入分析教材及学生。例如，《欢庆》是一首描写祖国妈妈生日情景的小诗，全诗诗句短小精悍，语

言优美生动，向人们展示了一幅美丽、欢乐、祥和的画面。学生在之前识字的过程中，已经对祖国有了初步的认识，这就为这首诗的学习打下了良好的基础。但是，诗中所体现的对祖国的骄傲自豪之情，对于学生来说比较抽象，且难以理解。智慧学习下的生成性教学注重学生的主动性学习，强调发挥学生的主体作用，因此，《欢庆》一课在教学设计上要充分发挥学生的主观能动性，让学生通过听录音泛读、自由读、齐读等方式来学习，在读中感受欢庆的气氛，并播放人们庆祝国庆的视频，加深学生对欢庆的理解。

（二）确定三维教学目标

新课标倡导课堂教学要实现知识与技能、过程与方法、情感与价值观三个维度的教学目标，那么如何确定三维教学目标，就是智慧学习下小学语文阅读生成性教学优化设计第二步要考虑的问题。笔者认为，要确定三维教学目标，就要注意教学目标的合适性、全面性和目标的细化、明确及可监测性，使目标包含行为主体、行为动词、行为条件及行为表现程度这四个要素。例如，《日月潭》生成性教学设计中，有教师确定了如下的三维教学目标：学生学会9个生字，会写12个生字，积累"茂盛、名胜古迹、隐隐约约、风光秀丽"等词语；能够正确、流利、有感情地朗读课文，领略日月潭的秀丽风光，背诵自己喜欢的部分；能够产生热爱宝岛台湾和盼望祖国统一的情感。这样的教学目标设计，既突出了学生这一行为主体，又体现了教学可以达到的标准，还指出了完成任务所需的条件。

（三）挖掘生活化教学素材

智慧学习下，学生由学习的受动者转化为主动者，主要通过对教师给出的教学素材的观察、思考、分析、讨论、论证等生成知

识、技能与能力。这里的教学素材，必须是与学生的实际生活相贴合的，能够引起学生兴趣的。只有这样，学生才能够主动参与到学习当中。因此，智慧学习下的小学语文阅读生成性教学优化设计的第三步，就是挖掘生活化教学素材。例如，教师可以拍摄生活中的风筝，并在网络上寻找关于风筝的资料及人们放风筝的视频，以此作为教学素材，引出《风筝》的教学。具体教学设计如下：

师：同学们，你们知道风筝是怎样的吗？（展示风筝图片，引题）你们放过风筝吗？（展示放风筝视频，引导学生回忆放风筝时的美好感受，让学生前后左右互相谈论放风筝或者是玩其他游戏的情境和感受）

师：放风筝或做其他游戏会给我们带来无尽的快乐，但如果有人抢着玩，然后和你产生误会，你会怎么做呢？我们今天所学的《风筝》，就是鲁迅先生回忆自己和弟弟小时候因为风筝而产生误解的故事，那么就让我们跟随鲁迅先生的步伐，看一看他会怎么做吧！

（四）优化教学方式方法

智慧学习下的生成性教学的教学过程是在师生互动中完成的，而教学方式方法的适应性决定着师生互动的有效性。所以，智慧学习下的小学语文生成性教学设计的第四步，就是优化教学方式方法，使其满足实际教学需求。例如，在《画杨桃》一课教学中，引入任务驱动教学法，向学生布置画杨桃的任务，让学生通过对杨桃实物或者是实物图片的观察画出杨桃，基于学生的绘画作品开展文本阅读教学。具体教学设计如下：

师：（出示杨桃图片）同学们知道这是什么吗？（生：知道，

是杨桃）对，我们今天要来学习《画杨桃》这篇课文，在这之前呢，我想请同学们画一画杨桃。好，现在看着这张图片开始画。

学生绘图完毕。

师：（投影仪展示学生绘画成果）从这几幅图中我们可以看到什么？（给予提示：在不同位置上看到的杨桃是不一样的，画出来的杨桃自然就不一样）

师：今天我们所学的课文，其主人公也画了杨桃，大家一起打开课本看一看他画的杨桃是什么样子的，和你画的有什么不一样。

（五）创新教学评价

教学评价是必不可少的教学环节，也是判断智慧学习下的生成性教学设计是否科学有效的重要途径。因此，教师第五步需要考虑的就是如何创新教学评价。有教师在《欢庆》教学设计中创建了一个教学评价表，纵向设计为评价内容、评价项目、课堂表现、回答问题、作业态度、知识掌握、综合评价，横向设计为评价日期、学生自评、生生互评、教师评价，并分为优、良、中、差四个等级。笔者认为，这很值得借鉴。

三、结语

在智慧学习环境下对小学语文阅读生成性教学进行优化设计，教师应当深入分析教材与学生，确定三维教学目标，从生活中挖掘教学素材，优化教学方式方法，并创新教学评价，以提高教学设计的合理性、科学性。

参考文献

［1］刘健. 智慧学习环境下小学语文阅读课生成性教学路径的探究［J］. 读与写（教育教学刊），2019，16（3）：115.

［2］陈清. 智慧学习环境下小学语文阅读课生成性教学路径的探究［J］. 课程教育研究，2018（43）：85-86.

［3］杨小凡. 智慧学习环境下小学语文阅读课生成性教学路径探究［J］. 中国校外教育，2018（29）：36-37.

第四篇

薪火传人

日月如梭，往事成歌。转眼间，自己由青年步入老年。薪火相传，助力青年教师成长，厚植小学生的核心素养，期盼着青出于蓝胜于蓝。本部分，编辑了我的三篇文章和一些名师工作室图片，谨供读者参阅。

在立德树人篇，阐述了自己坚持陶冶师德的主要感悟；教书育人篇简介了我课堂教学的几个课例；启智慧人篇列出了个人主持或参与课题探究的几个观点。师德高尚、教艺精湛、厚植科研智慧是我小学语文教育教学生涯中孜孜不倦的追求，也是留给年轻教师专业成长的养料与课题。这里，在加速青年教师转型成长、打造品质（生本）课堂、指导小学生开展课题研究三个方面重点加以强调。

简言之，青年教师之事业有成，应以师德为引领，以课堂为平台，以与学生一起成长为目的。引领青年教师以大爱铸师德，以教研带科研，以问题立课题，以成长出成果。

年轻教师无论学历高低、教龄长短、理念新旧，我始终倡导在"课"字上下功夫，见真章，出成果。要把握课标、精彩课堂、探究课题、熟练课业、制作课件、研发厚植小学生核心素养的校本课程；深入、持久地探究如何备课、讲课、听课、评课、研课、导课，认真、仔细、精益求精地讲好每一节小语课。借助学校名师工程、青蓝工程、读书活动、学年组赛课、学科组研讨、主题阅读、小课题研究教育教学活动展示等丰润科研智慧，坚守德艺双馨，引领专业成长。在立德树人、教书育人、启智慧人的进程中不断收获教师的专业获得感、职业幸福感与事业成就感。

一、搭建过渡桥梁

青年教师是教育的希望，建设一支思想素质高、业务能力强的青年教师队伍，是教育改革和发展的根本大计，也是青年教师发展现状的要求。2015年我校青年教师有40人，占全体教师的70%，是学校发展的中坚力量。2019年4月，我写了一篇名为《如何让青年教师从准备期过渡到适应期的研究》文章，列举了一些过渡的做法与想法。结合多年的工作实践，这里强调与补充一下。

一是指路子。通过听青年教师的入职课、推门课、研究课、公开课，发现亮点与弱项，指导青年教师有针对性地扬长补短，缺啥补啥。要求青年教师订专业刊物，认真听优秀教师的示范课，制定个人职业发展规划，循序渐进，快速进步。

二是搭台子。组织同校、姊妹校、帮扶校等多所学校青年教师同课异构活动展示，不断提升课堂教学水平；要求青年教师人人参加与学科专业、工作岗位相关的小课题研究；有计划地开展名师工作室学术活动，总结并交流听校内外专家学者讲座的感悟，让青年教师亮观点，展才艺，出成果。

三是竖梯子。制定与实施合格教师、骨干教师、优秀教师、品牌教师的标准，树立校级、区级、市级、省级等不同级别名师的梯度要求，激励青年教师仰望蓝天，脚踏实地，登高望远，梯次成长。

二、聚焦品质课堂

当年在钟焕斌校长带领下，借鉴企业精工管理的理念，坪山同心外国语学校（以下简称坪外）教学管理、教师发展部门，征求与

汇集学科组长、备课组长与部分优秀教师的意见，提出了塑造"品质坪外"，打造"品质课堂"的构想与做法。要求所有专任教师尤其是新入职坪外的教师要在打造品质课堂中专业迅速成长，齐力建功立业。

我们提出的品质课堂概念，具体可解读为："以质量为中心，以全员参与为基础，目的在于通过让学生满意而达到长期成功的学习途径。"品质课堂的流程分为缜密的设计、平和的锻造、精心的保养。品质课堂的特征是标准化、流程化、精致化。各个环节都有明确的要求与提示，如"缜密的设计"体现为三个"三"：①三导，即目标导航，活动导趣，问题导学。②三备，即备课标，备教材，备学生。③三点，即抓重点，抓难点，抓亮点。可以说，品质课堂就是打造优质课堂、生本课堂、成功课堂；旨在启迪教师智慧，夯实教学常规，规范教学行为，提升课堂教学品质。品质课堂、生本课堂、优质课堂、高效课堂、卓越课堂，称呼不同，本质上都是聚焦课堂教学，提高教育教学质量。

本部分收录的文章《简说新教师在生本课堂中成长——以见面课〈去年的树〉片段感悟为例》，表明并阐释了我的主要观点，启示新教师如何在品质课堂中成长。

三、指导学生成长

传统意义上的薪火相传、青蓝工程，一般指老年教师、优秀教师与年轻教师、普通教师的结对成长。我个人认为，更宽泛、持久的薪火相传、青蓝工程应当涵盖整个教育事业，尤其是学校教育。教师与学生之间的各种活动都是薪火相传，是宏大的青蓝工程。

自从我国推进素质教育以来，如何培养学生的创新精神与动手能力成为中小学教育的共同课题。近年来，夯实文化基础、指导自我成长、引领责任担当，厚植小学生的核心素养，方兴未艾。立德树人，在外国语实验学校，在培养中华情怀的同时，如何拓展学生的国际视野，我们一直探究前行在路上。

青年教师迅速成长的探索

我们提出如何让青年教师从准备期过渡到适应期的研究，构建青年教师专业成长培养长效机制，旨在改变当前青年教师队伍培养的现状，建立扎实有效的青年教师培养机制。从2015年3月起学校开展了青蓝工程"师徒结对"活动，我们以此为依托，通过实践探索一套切实有效的关于青年教师的管理措施和培养机制，以促使青年教师具备良好的专业素质和较强的教学能力。我们认为，这一课题在各级各类学校具有普遍意义和推广价值，希望能以此为研究重点，带动我校教师队伍建设，并实现以点带面的推广价值。

一、背景研究聚焦问题

（一）促进教师队伍专业发展的必然要求

在《国家中长期教育改革和发展规划纲要（2010—2020年）》中，国家明确要求建设高素质教师队伍。教育大计，教师为本。有好的教师，才能实现好的教育。严格教师资质，提升教师素质，努力打造一支师德高尚、业务精湛、结构合理、充满活力的高素质专业化教师队伍。课程改革给教育界带来的最大挑战莫过于对"教师专业化"

的挑战。提高教师业务水平，需要从完善培养培训体系，做好培养培训规划，优化队伍结构来提高教师专业水平和教学能力。通过研修培训、学术交流、项目资助等方式，培养教育教学骨干、"双师型"教师、学科带头人，造就一批教学名师和学科领军人才。

因此，构建着眼于教师专业成长，服务于教师成长的教师培养机制是实现教师专业发展的必然要求。

（二）改变青年教师队伍现状的现实需要

教师作为影响青少年发展的"重要他人"，其自身的素质、自身的专业水平备受关注。

没有教师生命质量的提升，就很难有高的教育质量；没有教师精神的解放，就很难有学生精神的解放；没有教师的主动发展，就很难有学生的主动发展；没有教师的教育创造，就很难有学生的创造精神。

然而现在青年教师在成长中出现一些共性问题：专业研究主观能动性不强，不善于总结教学得与失，撰写教学论文、发表论文的意识淡薄。青年教师参加了各类培训，但没有很好地理解、消化和吸收，导致在教育教学中难以落实。从青年教师现状分析，部分青年教师缺乏自我发展的内在动力。原因如下：

（1）部分青年教师经过一段时间的教育教学实践，对学校教学活动有了一定了解后，觉得教学工作不再有很大的挑战性，认为自己的知识教中小学生绰绰有余，于是自我满足、停滞不前，不再注重学习、读书和研究，而是将更多的时间花在上网聊天、娱乐、网购等方面。

（2）部分青年教师工作几年后，通过自己的努力在教学上取得了一定的成绩，骨干教师评上了，职称也评好了，便对自我发展缺

乏再进一步的内驱力，于是什么活动也不愿主动参加，出现了"高原期反应"。

（3）现在大部分青年教师出生于20世纪八九十年代，特殊的时代背景造成他们娇生惯养、以自我为中心的性格，工作两三年后便进入了恋爱、结婚、生育阶段，生活的压力在一定程度上影响了专业发展的激情，于是自我放弃了专业发展。

（4）人才选拔制度的放宽，使得一些非师范类教师通过一两年的努力，也跻身教师队伍。这类教师从未接受过教育学专业培训，专业研究意识淡薄，专业知识能力欠缺。当他们跨进教师这扇大门时便以为完成了人生的终极目标，往往再也找不到前进的动力了。

通过上述分析可以看出，如何改变青年教师队伍的现状，促进青年教师主动发展、尽快成长，构建科学合理的教师培养机制是现实需要。

二、核心概念界定、研究的理论与实践意义

（一）核心概念界定

培养机制，是指培养时探索其内部组织和运行变化的规律，遵循相应的规律和采用相关的手段，以实现特定的目标。

教师培养机制，是指根据教师的成长规律和专业发展的基本要素，确定教师专业成长的目标，构建与之相适应的、长期有效的、有机统一的培养机制。

（二）解决的问题

（1）在开展对青年教师专业成长培养长效机制的建设和研究过程中，关于青年教师成长的多元化考核体系与激励机制的构建需要

研究者具有较高的理论素养和分析研究能力。

（2）关于研究青年教师专业成长培养计划和个性培养方案的确立，需要青年教师的积极配合，需要学校各部门、上级教育管理部门等相关职能部门的大力支持。

（3）对于建立多元化的青年教师考核评价体系，如评价指标的确立，关键要进行科学的分析及实践的检验与修正。

三、文献研究述评

（一）国外研究——青年教师专业成长阶段研究的基本理论

一些发达国家早在20世纪八九十年代就把青年教师的专业发展作为一项战略课题进行研究。比如1986年美国的卡内基工作小组、霍姆斯工作小组做出的《国家为培养21世纪的教师作准备》《明天的教师》两个报告，提出把教师的专业发展作为改革职业发展的目标。1996年联合国教科文组织第45届国际教育大会提出：在提高教师地位的整体政策中，专业化是最有前途的中长期策略。

（二）国内研究——青年教师专业成长阶段研究的基本理论

上海市嘉定区已经完成的课题"青年教师的培养途径和方法的实践和研究"，就如何培养青年教师作了四个方面的阐述：①按照国家教委和市教委的精神，积极推动青年教师高层次学历进修。②组织系统的自学。青年教师根据自己的水平和需要，定目标、定内容、定时间、定进度，教研组督促检查。③以老带新，以新促老，建立师徒对子。老教师的传、帮、带，是提高青年教师教学水平的有效途径。④抓好教学研究活动。通过教研组组织专题讨论，组织教学观摩和经验交流，组织教师相互听课，可收到取长补短、

共同提高的效果。此外，还可通过组织系列讲座、专题报告、学术讨论和校际协作等活动，促进青年教师水平的提高。

叶澜教授等将教师成长、专业发展分为"非关注""虚拟关注""生存关注""任务关注"和"自我更新关注"五个阶段。傅道春教授将教师的成长与发展历程归结为"非关注"阶段、"虚拟关注"阶段、"生存关注"阶段、"任务关注阶段"和"学生关注"阶段。吴康宁教授将教师专业化过程分为预期专业社会化与继续专业社会化两个阶段。北京钟祖荣等从最能反映教师成长变化的两个指标（教师的素质和工作成绩）出发，把教师的成长分为准备期、适应期、发展期、创造期四个阶段，而每个阶段结束时的教师可以分别称为新任教师、合格教师、骨干教师、专家教师（学科带头人、特级教师等）。

纵观国内外关于青年教师培养的研究，有很多值得借鉴之处。在前人研究基础上，我们准备依托青蓝工程"师徒结对"活动的开展，进行青年教师培养机制的研究。

四、研究目标、内容及创新之处

（一）研究的目标

（1）明确青年教师专业化发展方向，做好教师专业发展调研，研制出科学合理、具有可操作性的青年教师队伍培养规划，有效开展青年教师队伍的培养工程。

（2）建构起一套能够促使青年教师在教育观念、教育技术、教学能力、教学水平、教学研究等方面自主成长的有效培养机制，形成具有推广价值的教师专业化发展的保障措施和管理机制。

（3）通过青年教师培养机制的实施，促进青年教师队伍实现有序、有效发展，激发教师发展的内驱力，变"被动发展"为"主动发展"，变"要我发展"为"我要发展"，实现青年教师尽快成长成才的发展目标。

（二）研究的内容

开展青年教师培养机制的研究，旨在探索青年教师的成长规律，激发青年教师自我发展的内驱力，研究如何培养青年教师成才的有效策略，形成一套切实有效的青年教师的管理措施和培养机制，促使青年教师尽快成长。努力锻造一支师德高尚、业务精湛、积极进取、风格鲜明的青年教师团队。

1.教师成长培养实施模式的研究

本课题研究拟以有效促进青年教师专业成长为出发点，以教师专业素养基本构成要素为主题要求，探索解决教师专业成长与日常工作、业余生活的关系，研究如何将教师培养与日常教学、教研活动、工作例会等有机整合，如何实现学校培养与教师自主成长的有机结合，构建一种高效有序的青年教师队伍培养的实施模式。研究的内容初步方案如下：

（1）增强专业信念。旨在增强教师的岗位意识、责任意识、竞争意识。具体培养方法与策略有自我规划、励志培训、拓展训练、师德讲坛、读书活动等。

（2）提升专业知识。旨在提高教师对课标教材的掌握理解程度、教材的把握程度、学科专业知识。具体培养方法与策略有教学设计、试卷研制、教师考试等。

（3）提高专业能力。旨在促进教师教学能力、教学水平、教学

研究、科研能力、撰写能力等方面的提升。其培养方法与策略有教育论坛、课堂比武、案例评比、课题研究、论文撰写等。

2. 教师成长培养评价机制的研究

本课题研究拟以促进教师专业长效性发展为出发点，探索能够激发教师专业发展内驱力的，实现教师逐步提高、持续发展的评价机制。准备从过程性评价、个人成长自我评价、专业成长培养年度考核等方面建构一套与之相适应的教师成长评价机制。

五、研究程序

（一）研究对象

35周岁以下的全体教师。

（二）依托理论

为把学生培养成为具有八大素养的新一代青少年，教师应全面提高自身素质。高素质的教师能推动教育事业在新的起点上科学发展。教师专业化的成长加速了教师从幼稚、青涩走向成熟、完善的过程。这种专业成长是一个终身学习的过程，是一个不断解决问题的过程，是一个教师的职业理想、职业道德、职业情感、社会责任感不断成熟，不断反思自身行为、不断提升、不断创新的过程。

（三）研究方法

1. 调查分析法

通过调查了解青年教师专业发展现状，采用谈话、问卷、实地检测等形式，在过程中实施调查，以便为方案的实施提供依据并进行动态调整。

2. 文献研究法

检索有关教师专业发展和教师培养的相关文献，借鉴他人的经验，并寻求青年教师成长培养的理论支撑。

3. 行动研究法

通过搭建展示平台，为青年教师提供学习和交流的机会，从而在具体行动中探索青年教师的培养机制。

4. 经验总结法

对学校青年教师培养的成功经验进行总结，并上升到理论层面，再由理论来指导教师培训的实践。

（四）技术路线

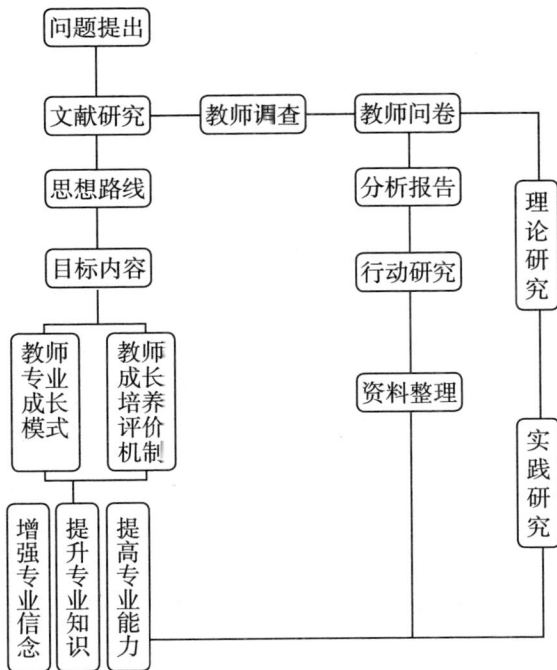

六、研究过程

本课题研究时间从2015年3月到2017年5月。分三个阶段进行。

（一）研究准备阶段（2015年3—4月）

（1）前期工作，组织材料形成课题方案申报立项。

（2）对青年教师群体素质和教学现状进行摸底调查，收集有关研究资料，组建课题组，形成课题研究的基本思路和学期研究方案。

（3）初步拟定青年教师培养的主题内容、途径、方法及管理要求和操作措施。

（4）讨论完善青蓝工程"师徒结对"活动方案。

（二）研究实施阶段（2015年5月—2017年2月）

以青蓝工程"师徒结对"活动为载体，实施青年教师成长培养机制。

（1）增强青年教师的专业信念。实施自我规划、励志培训、拓展训练、读书活动等。

（2）提升青年教师的专业知识。实施教学设计、试卷研制、教师基本功比赛等活动。

（3）提高青年教师的专业能力。实施教育论坛、课堂比武、案例评比、课题研究、论文撰写等活动。

（4）建立促进教师专业化成长的评价激励机制。

（5）中期课题阶段性小结。

（三）研究总结阶段（2017年3—5月）

（1）对研究所得材料、数据进行分析与整理；

（2）对照研究目标，查找薄弱环节，开展有重点的深化研究；

（3）撰写研究报告，编辑有关成果。

（四）实施步骤

1. 建立组织

成立青年教师成长培养机制工作室，并建立工作室领导机构。以开展青蓝工程"师徒结对"活动为蓝本，统筹组织好青年教师成长培养工作。结合本校实际情况，采取切实有效的措施，认真制定有关实施方案。

2. 教师培养研究

根据教师专业发展的基本要素，确定教师培养的内容，并以教师成长培养内容的落实为归宿点制订培养计划，健全活动机制，并付诸实施。

3. 营造氛围

营造有利于青年教师成长的氛围：一是民主和谐的氛围；二是关心爱护的氛围；三是交流沟通的氛围；四是求知进取的氛围。

4. 落实管理

在课题实施中，给青年教师初步拟订了一系列要求，确保在实施过程中学习有方向，赶起有目的，实践有规划。

5. 评价激励

制定相应的考核激励机制，鼓励青年教师积极主动参与俱乐部各项活动，切实履行岗位成长计划。每学年评比一次，经学校研究后，予以适当奖励，同时在师徒结对活动中，评选出一位优秀教师。

七、结果呈现

(一) 重要结论

本研究的主要结论为：

第一，教师在学生成长过程中发挥着重要作用，能系统地传授知识和经验，并积极培养塑造社会所需要的人才。

第二，青年教师的专业成长需要培训和继续教育，但这一切活动都必须建立在积极主动的基础上才会有意义。自我认同和在他人认同中构建的自我认同可以促进教师主动成长，可以说，价值认同是教师专业成长的"助推器"，他人及自我的合理认同可以推动教师专业健康快速发展。

第三，他人认同主要是职前、职中、职后各个环节的机制认同，它主要包括学校培养机制、教师资格认定机制、教师选取机制、教师评价机制。

(二) 项目的成果

1. 研究报告

通过对该课题的研究，构建青年教师培养机制的研究理论体系，形成研究报告。

2. 文件系统

通过对该项目的研究，构建青年教师引入制度、培养制度、考核评价体系、监督机制、实施策略等文件系统。

3. 学术论文

通过对该项目的研究，撰写有关青年教师成长培养长效机制等方面的学术论文并在公开刊物上发表。

4. 教师专业的发展

其一，通过该项目的研究，为我校进一步提升中小学生的八大素质教育水平提供可持续性的教育人才。

其二，通过该项目的研究，建立青年教师成长培养长效机制，为青年教师的健康成长提供保障，对今后我校青年教师成长的培养具有一定的借鉴作用。

其三，通过该项目的研究，建立多元化的考核评价体系与激励、约束和指导作用，确保培养质量。

其四，通过该项目的研究，对于加强教学团队的建设，建设高水平的教师队伍具有极其重要的作用。

八、思考、展望与意向

（一）思考与展望

本课题的研究只是初步的、阶段性的工作。由于所查阅的国内外参考文献中的应用研究部分有限，且受本团队研究水平和研究条件、研究范围等因素的影响，研究的设计和研究过程难免会存在缺陷和不足。例如，研究过程初始全校班额未满，到研究中期年级及班额有所增加，但各教龄段教师的比例不均衡，导致调查问卷数据分析产生误差；全校教师大半是刚毕业不久没有实际教学经验的教师，在自我专业提升上缺乏专家的引领，专业提升的积极主动性有待进一步加强；在研究实施中，在如何设计教学活动、撰写案例分析、撰写教学论文、提升教师的基本功等方面对青年教师起到了一定的推动作用，但在资料的撰写、收集、整理、交流上，整体水平还有待加强。

（二）今后的意向

设想1：在后续学校九年一贯制教学中逐步形成体系，力争在各学段班额均衡情况下进一步深入本课题的实践研究，并不断优化数据整理与分析，力争更为客观地为本课题的深入开展提供有力的数据依托。

设想2：在中小学部各学段进行实践研究，创设多种平台，帮助校内教师进行多方位的沟通、交流、展示，为深化我校青年教师自我专业提升意识，实现我校青年教师持续性成长提供有效度的实践依托。

设想3：继续完善资料的收集归类，丰富相关研究资源包，梳理研究成果，及时地进行分享与交流，以更好地帮助我区一线青年教师进一步强化对"从准备期过渡到适应期"的认识并不断提升自身专业素养，优化教师综合能力，助力我区教学教研的发展。

参考文献

［1］叶澜.教师角色与教师发展新探［M］.北京：教育科学出版社，2010.

［2］唐玉光.教师专业发展与教师教育［M］.合肥：安徽教育出版社，2008.

简说新教师在生本课堂中成长

——以见面课《去年的树》片段感悟为例

一、生本课堂的合理性（理念引领）

目前，许多学校在推进素质教育过程中打造品牌，创建特色，结合校本办学理念，主张新教师在"幸福课堂""快乐课堂""智慧课堂""阳光课堂""绿色课堂"中成长。笔者认为，教师的幸福、智慧、阳光、绿色，不能脱离学生而存在，在课堂上教师"一花独秀"绽放才艺，然而离开学生的需求、成长，只能是"表演秀"，好看不实用。

生本课堂的合理性源于素质教育的要义。素质教育的课堂教学全程优化是为了全体学生的全面发展，为了学生核心素养的增强、关键能力的生成，一切为了学生，为了一切学生，为了学生的一切。正如清华大学附属小学校长窦桂梅所说，学生要站在课堂的中央，教师是学生学习的伙伴与助手。几十年前，广东省教科所郭思乐所长就提出了生本教育的理念，生本课堂的提法成为中小学同行普遍的认识。

坪外建校初期，借鉴企业精工管理的理念，提出了"品质坪外"，打造"品质课堂"的构想与做法。要求所有专任教师尤其是新入职坪外的教师要在打造品质课堂中专业成长。具体可解读为："以教育教学质量为中心，以全员参与为基础，目的在于通过让学生满意而达到长期成功的学习途径。"学校办学品质，离不开教育教学质量，品质课堂是学生满意与成功的课堂，这个课堂品质可以解读为学生学习的品质。可以说，品质课堂就是要打造优质课堂、生本学堂，教师的成长、成功离不开以生为本。

生本课堂的提法符合素质教育要义，与许多名家、名校长的课堂主张本质相同；不论老教师还是新教师的成长都植根于此。

二、简说成长的针对性（问题表现）

根据我校实际情况，结合品质课堂教学的逐步实施，本文在教师的专业化成长与教学质量的提高方面，通过分析一位新教师见面课的课例片段，谈一谈新教师如何在小学语文生本课堂中成长的一些粗浅感悟。

在品质课堂的打造中，坪外的课堂教学总体上逐步呈现出新常态、新气象的良好局面。不过，也有一些教师理念上接纳，行动上抵触，实质进步较慢，执行品质课堂的标准、流程不够精彩，效果不太鲜明。尤其是新来坪外的教师，带有原来任教学校的教学风格，不认同品质课堂的理念；更有一些新入职的刚从师范院校毕业的年轻教师对品质课堂就是生本课堂的理解不到位。主要表现在以下方面。

（一）教师的预设问题代替学生的问题

学校新入职的教四年级语文的李老师在执教《去年的树》一课时，有这样的一个片段：

在课堂教学上，教师出示PPT品读句子。

再见了，小鸟！明年春天请您再回来，还唱歌给我听。好的，我明年一定回来，给你唱歌。请等着我吧！

教师首先让学生朗读句子。然后教师说："这是鸟儿在向大树约定，从它的约定来看，鸟儿是多么地坚定，我们该怎样读呢？"说完，让学生有感情地读，并让学生说说为什么这样读。

有学生回答道："因为它们分别时约定明年再见，大树很爱听小鸟爱唱，所以'一定'一词要读得肯定些。"

教师又问："它俩约定来年再见，但当鸟儿回来时却不见大树，此时它的表现怎样？"

教师让学生在相关的句子上，加上表示心情的词语，教师根据学生的回答，在黑板上写上：伤心、忧伤、焦急、恋恋不舍……从而帮助学生积累好词佳句。

这篇课文重在读中悟情，但是对朗读的指导过于单调，鸟儿会用什么语气来读，当时的心情怎样……教师如果创设铺垫情绪，那么学生的语气和情感将油然而生。再着重带着这些词语，通过有感情地朗读，品析作者的写作目的。

这节课，理解与探究课文内容，问题一个一个由教师提出，阅读、思考、说话表达、课堂节奏一步一步由教师掌控。

（二）教师的固化思考代替学生的思考

李老师说这篇课文写了小鸟与树的友谊，然后问学生这棵树去年长的什么样，这是一只什么样的小鸟？学生顺着教师的思路回答：①茂盛的树；②粗壮的树；③爱听歌的树；④可爱的小鸟；⑤漂亮的小鸟；⑥爱唱歌的小鸟；⑦树和小鸟都爱交朋友，重视友谊。回答正确，教师板书：去年的树，茂盛、粗壮；小鸟，可爱、漂亮。教师接着说，为什么作者没有写这些词语，因为文风简洁，写作风格如此。课文直白，友谊深厚。

小鸟与大树什么样，课文中没有描述，教师安排这一环节，有益于学生积累词汇，更主要的是为教师预设的结论做铺垫。

（三）教师的主观评价代替学生的评价

教师说，A同学读得真好，读出了伤心、忧伤、焦急、恋恋不舍的心情，我们把掌声送给他；B同学语言准确，描述小鸟是一只可爱、漂亮的小鸟，我们把掌声送给他；C同学想象力丰富，想象去年的树是茂盛、粗壮的样子，我们把掌声送给他；D同学善于总结，知道这篇课文告诉我们重视友谊的道理，我们把掌声送给他……

许多学生是被动地鼓掌，至于具体好在哪里，并没有深入感悟。

（四）教师的备课结论代替学生的结论

课文讲解接近尾声，课堂教学进入复习巩固阶段，教师继续主导到底，不知不觉扮演了"课霸"的角色。

片段一：

师：大树和鸟儿真是一对好朋友，你能读读书中的一些句子，并说说它们是一对怎样的好朋友吗？

生：鸟儿坐在树枝上，天天给树唱歌。树呢，也天天站着听鸟儿歌唱。

师：这是多么好的一对朋友呀！鸟儿每天早早地起来给大树唱歌，晚上又回到大树那里栖息。请同学们想象，这对好朋友长得——

师出示句式：一棵树和一只鸟儿是好朋友，树长得_____。鸟儿呢，长得_____。

通过练笔，教师力图让学生懂得去年的树长得茂盛粗壮，鸟儿漂亮可爱。

片段二：

师：鸟儿历经千辛万苦，四处寻访，终于找到了由树做成的火柴点燃的灯火。此时，鸟儿一定有很多的话要说。

出示句式：鸟儿睁大眼睛，盯着灯火看了一会儿，好像在说："_____。"

师：这时你就是这只鸟儿，你想说——

生1：好朋友，你为什么会变成这样？

生2：我终于找到你了，我最好的朋友！

生3：好朋友，你为什么会变成这样？

生4：真的是你吗？去年你可是非常粗壮的呀！

师：鸟儿对着灯火，又唱起了——去年唱过的歌给灯火听（生）。唱完了歌鸟儿又想对灯火说些什么呢？

出示：接着就唱起去年唱过的歌给灯火听。唱完了歌，又盯着灯火看了一会儿，好像在说："_____。"

生5：我明年还会来看你的，一定！

师：多珍重友情的鸟儿呀！多守诺言的鸟儿啊！

通过说话练习，教师重点强化鸟儿珍重友情，遵守诺言。

两个片段，教师固化的预设的主观结论在前，束缚了学生的学习兴趣与创新激情。

讲台不是教师一个人绽放才艺的舞台，教师的智慧才华表现在如何水到渠成地引领学生、发自内心地欣赏学生、举一反三地激励学生，学生学习快乐是教师的最大快乐，学有所成是教师的幸福与成功。

三、品质提升的可行性（改进举措）

这次新教师见面课，我们认为李老师素质全面，声音洪亮，思维敏捷，备课认真，课件精美，展示了自己扎实的语文教学功底，经过品质课堂的理念引领，有待时日，一定会脱颖而出。

在评课交流时，我们充分肯定了李老师的长处：教师主导地位明确，个性化阅读结合课文情境；训练巩固重点结合了课文课后练习题；听说读写相结合；等等。同时，我们与教师一起重申了坪外品质课堂的内涵、结构、特征。品质课堂首先是生本课堂，学生全员参与不是被动参与，不能被教师预设的问题、思考、评价、结论牵着走，而是要积极主动、有创意地全员参与。《去年的树》整体上说了一件什么事，重点是什么，难点在哪里，亮点有几处？应当以学情定教路。品质课堂旨在展示与提升学生的思维品质，让学生站在教室的中央，教师是学生思维的启迪者、灵感的助推者、快乐的引路人，是学生学习的伙伴、助手。教师的声音洪亮，更要引导学生发出洪亮的声音，用敏捷的思维点燃学生创意的火花，用精美的课件引领学生感悟与再现课文的情境。否则，教师缜密的设计、平和的锻造、精心的保养，都会成为学生成长的枷锁。

通过和风细雨的讨论、分享，新老教师对"品质课堂"就是生本课堂的认识进一步深化。

如何让新教师进一步在品质课堂中与学生一起成长，可以从以下几点入手。

（一）先学后教，变"一言堂"为"群言堂"

通过李老师这个课例，我们感悟到：学生在自读课文的基础上了解课文的内容，教师引导学生说话，是中年级课堂中随文练笔最为重要的一种方式，要让学生真情流露，有话可说，把教师的"一言堂"变为学生的"群言堂"，教师就必须积极创设情境，让学生情感自然流露。教师通过语言的描述，充分调动学生的情感，使学生进入角色情景中，让他们有话可想，有话可说，说的过程中，通过人文性的评价，调动学生说的积极性。通过"群言"，既训练了学生的思维能力、想象能力，又培养了他们的表达能力，更使学生感受到了鸟儿内心的悲伤，以及对大树的怀念。先学生，后教师，先学习，后引导，全员主动参与，才有品质的全员提升，才有创新火花的不断迸发。

（二）课件助学，变"练习册"为"情境场"

多媒体的应用，普遍节省了教师的板书时间，扩大了课堂的信息量、知识量。但在课堂教学中，一些教师仅仅把多媒体课件的应用，停留在大段显示课文、习题等文字上，没有让文字动起来、活起来，这也是应当注意的。课件助学的意义在于：品质课堂是智慧课堂、网络课堂、情境课堂、生活课堂，课件的功能不能仅仅停留在复制教案上。教师制作课件要创设引导学生走进语文世界的情境场。

（三）课例分享，变"评判庭"为"加油站"

传统的评课、说课，或者亮点一大片，不足看不见；或者优点、不足各打五十大板，评者滔滔不绝，听者眉头紧锁。我们坪外激励教师在打造品质课堂中实现专业成长，不局限于一人一课的得失优劣；旨在点燃一盏灯，照亮一大片。我们注重剖析一课中共性的导向，对课不对人，努力挖掘团队在品质课堂中成长的营养元素，注重如何提升今后品质课堂的品质与教师团队的综合实力；闯出了一条自我反思、同伴互助、课例研讨、专业引领、团队成长的新路。

当然，教师在课堂教学中"一言堂"的问题表现、解决对策，一个课例不能完全覆盖，为此本文简说，不是深论，旨在抛砖引玉，引起教师与专家的关注。我们聚焦生本课堂，坚持"思""助""研""领"，搭建新平台、生成新常态、运行新机制，尤其注重让新教师自我反思与心理认同，能够蹲下来看学生，处处站在生本立场创新小语课堂，把教师的智慧与才艺化为学生成长的雨露阳光，在品质课堂与生本课堂打造中，不断倾听师生成长幸福花开的声音。

打造湾区优质教育，结伴同行

——走进香港姊妹校课题研究几点感悟

中共中央、国务院2019年2月印发《粤港澳大湾区发展规划纲要》，在第八章"建设宜居宜业宜游的优质生活圈"中指出：坚持以人民为中心的发展思想，积极拓展粤港澳大湾区在教育、文化、旅游、社会保障等领域的合作，共同打造公共服务优质、宜居宜业宜游的优质生活圈。打造教育和人才高地，推动教育合作发展。加强基础教育交流合作，鼓励粤港澳三地中小学校结为"姊妹学校"，支持各级各类教育人才培训交流。

2019年8月，中共中央、国务院发布《关于支持深圳建设中国特色社会主义先行示范区的意见》，指出打造"民生幸福标杆"：构建优质均衡的公共服务体系，建成全覆盖可持续的社会保障体系，实现幼有善育、学有优教……

落实国家文件精神，大湾区、示范区，"双区驱动"。深圳建设教育高地，粤港澳三地中小学结为"姊妹学校"，加强双向交流融合；学有优教，促进义务教育高质量发展，是积聚民生福祉的具体体现，也是深圳教育发展改革开放先行先试的重要课题。

"粤港姊妹学校缔结计划"在粤港两地已实施十多年，我们同心外国语学校在2017年4月，正式与香港伊斯兰鲍伯涛纪念小学签订友好协议，成为深港姊妹学校。为推进"双区建设"提供了可参考、可复制的样例。（图1）

图 1 "粤港姊妹学校缔结计划"合影

从同心外国语学校2017年前选择香港伊斯兰鲍伯涛纪念小学作为姊妹校，到正式签订协议，以及申报与指导"与伊斯兰学生交朋友，走进伊斯兰文化"小学生课题研究，再到几次与香港这所学校友好往来，我全程参与。初步认识到建立大湾区姊妹校，一起打造优质教育发展共同体的时代意义与融合发展中华民族文化的珍贵价值。这不是一方的事情，促进湾区教育优质发展，必须结伴同行。回顾这五六年来的收获，自己感悟良多，这里简要梳理如下，与大家分享。

一、同饮一江水，命运紧相连

学校参与建立姊妹校工作的领导与教师，知道香港人是我们的同胞，血浓于水。我们同饮一江水，命运紧相连。在走动往来中，把握分寸，增进感情，但不触碰底线。

我们了解到，这所学校有很多小朋友们不仅语言、服饰、餐饮文化等方面都和我们存在差异，而且重要的是他们的宗教信仰与我们深圳师生迥然不同。坪山同心外国语学校的学生，不能只从书本上学习外语，要尽可能了解与考察世界上其他民族的风土人情，包括学校教育。

二、结伴同行是友好的交流目的

到香港姊妹校参观学习，开展学生冬、夏令营，教师团队拓展训练等主题活动，是姊妹校联谊交流的有效形式。有的内地学校师生到香港的参观学习交流团成了购物团，把联谊活动当成了一次开心的旅游。也有的少数团员大谈特谈内地的社会主义制度优越性，在香港同胞面前趾高气扬，为友好交流埋下了隐患。构建湾区优质教育不是一方的行为，需要相互尊重，结伴同行，才能实现友好交流。为了避免尴尬的状况发生，我们分别从学校管理、教师培训、学生成长三个方面明确交流目的。

一是管理层面。了解该校管理架构建制及各自的职责范围。学校多年办学经验中可借鉴、可复制的亮点与特色。

二是教师层面。学校通过什么机制调动教师的工作积极性，教师的聘用与资质、培训与提高，优秀教师成长的路径与激励措施有

哪些；学校的课堂教学、常规教育活动是如何推进与保障质量的；等等。

三是学生层面。①通过小课题研究，了解这所姊妹学校的文化，向同心外国语学校全校学生推广交往礼仪。②理解、探究姊妹学校民族的服饰、饮食、语言、艺术活动等方面的文化特征，多元地去了解异域文化，帮助内地学生拓宽国际视野，强化国际理解。③了解香港学校学习英语的模式与经验，进一步营造我校学生学习外语的氛围，为迎接将来面向世界的各种挑战，成为合格的地球村国际小公民做好准备。笔者是这一小课题的指导教师，一路走来，与学生们一起收获了成长。

了解管理机制特点，学习课堂教学经验，都是为了学生幸福成长，第三层面的目的最为关键。

关键是要结伴同行。一是我们同心外国语学校到香港学校联谊的师生结伴同行。要求学生与学生、教师与教师、师生结伴同行，参观倾听，发表言论，走进课堂乃至所有活动避免个人单独行动。二是在教育高质量发展道路上，我们两个学校结伴同行，在学校管理、教师成长、课堂教学、学生发展等方面不夸大亮点与优势，不掩藏不足与劣势，以诚相待，共商未来，集思广益，立足各自校情，扬长补短，砥砺前行。三是粤港澳大湾区三地结伴同行，同创大湾区教育优质发展的美好明天。

三、和而不同，做好前期准备

我们与姊妹学校的小朋友一起在"相互尊重、和睦相处"的总原则下进行联谊交往。

162

这所学校有些学生国籍不同，深港两地政治管理制度不同，香港姊妹学校学生在饮食、服饰、礼仪方面与内地学生不同。但同是中国学校的学生，相互尊重的交往原则应一起遵守，提升教育质量的需求相通，和谐共生、和睦相处的愿望相同。

我们奔赴香港之前，学校统一进行了交往礼仪培训。要求：一是尊重当地的饮食习惯及民族风俗、习惯。二是适当介绍内地新疆喀什、宁夏银川以及深圳等地少数民族的生活状况。三是适当宣讲我国少数民族的风俗习惯。

抱着积极参与友好交流的态度，我们通过网络收集，走访本地回族餐馆，翻阅书籍，多方面了解当地的民族风俗。在确立课题与明确目的之后，实地考察的前期准备做得相当充分，主要有以下几点。

（一）统一了解探究问题与解决问题的路径

主要问题有三个：①我校师生对当地文化的了解程度是怎样的。②从哪些方面研究更能帮助我们了解当地文化特点。③通过和香港姊妹学校的交流，能得出哪些交往建议，并向全校师生宣传推广。

具体解决问题路径有四条：①文献搜索。进行资料分类与整理。②网络沟通。借助学校搭建的平台和姊妹学校小朋友互访、同游及书信交流。③专家指导。邀请专家进行答疑解惑，做知识讲座。④成果分享。将研究成果汇编成宣传海报，向全校师生展示。

（二）明确主要研究方式方法与预设回访过程

1. 文献资料法

到图书馆查阅与异域文化相关的各类书籍，上网收集相关资料，进行分类，并组织学习讨论。

2. 问卷调查法

设计异域文化了解调查问卷，在全校师生及家长中开展问卷调查，分析大家对异域文化的了解程度。

3. 本土考察

实地考察深圳的清真餐厅，了解异域饮食文化。

4. 回访行程预设

准备和香港姊妹学校的同学一起参观有深圳特色和历史文化底蕴的景点，进一步交流，加深友谊。

（三）组建团队，收集资料

学校选出学生代表，负责接待来自香港姊妹学校的小朋友们。小课题研究团队在班主任和语文教师的帮助下，提前了解了异域的一些风俗习惯，收集有关当地的文化资料。之后课题组邀请了要参与本次交流活动的语文特级教师陈碧军老师和英语教师张梓媛老师以及马芬老师担任指导教师。他们将帮助课题组成员更好地和友人沟通，为此次研究把握方向，答疑解惑。

课题组研究的团队一共有8名学生成员，具体分工如表1，图2为调查讨论的情形。

表1 具体分工

分工形式	成员	探究范围	具体任务
集体研讨（牵头）	全体成员	异域文化小调查	制订计划
分工调查	潘羽菲、张振宇	异域的服饰	1. 收集资料 2. 联谊交流 3. 分析对比 4. 撰写报告
	龚筱涵、赵惠莹	异域的饮食	
	欧阳佳奇、钟梓原	异域的语言	
	薛小钎、郑宏铎	异域的文体	
集体研讨	全体成员	整理文本	撰写结题报告

（a）

（b）

（c）

（d）

（e）

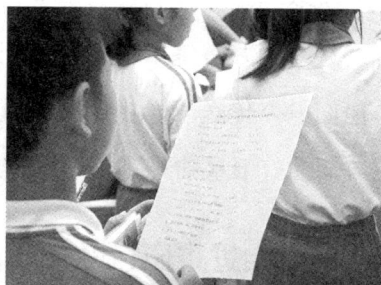

（f）

图2　调查讨论

（四）专家把脉，礼仪培训

从课题组的问卷调查结果发现，同学们对当地的文化了解甚少，而且对这次接待相关的礼仪知识也非常欠缺，课题组特别邀请了我校优秀班主任——鲍老师对大家做了一次礼仪培训，大家还在指导老师的帮助下，完成了一份介绍当地文化的阅读手册并制成《姊妹学校的文化小叙》PPT，分享给同心外国语学校的同学们，为学校师生更好地和姊妹学校沟通做好铺垫（图3）。

图3　礼仪培训

（五）初识朋友，互通信息

课题组为了能提前了解结对好朋友的基本情况，指导教师向学校获取到结对好朋友的基本资料。课题组成员从他们的国籍、语言、兴趣爱好等基本情况中匹配了相应的结对好朋友，并通过网络向他们一一传送了学生课题组成员的基本信息，为实地考察、深入交流活动打下基础。

四、走进校园，融入教育生态

没有亲临香港校园之前，我们在深圳通过新闻媒体等渠道对香港教育有了一些初步认知，普遍认为香港小学办学理念以生为本、办学体制不拘一格、学校管理精致实效、校园场地比较精品化、课程设置灵活多样、英语教学特色鲜明、学生社团十分活跃、家长资源整合优化等。香港小学教育的亮点熠熠生辉，为打造湾区优质教

育融汇了浓墨重彩的底色。

我们了解到，香港伊斯兰鲍伯涛纪念小学在1997年香港回归祖国当年创立，是一所回教资助的学校，办学团体为中华回教博爱社，位于黄大仙区。学校以英语为主要教学语言。全港有423间资助小学，占整体的80.1%。学校占地面积大约5000平方米，设有24个课室，1个礼堂，3个操场；在香港属于大型偏中位置的校园。教学人员30人，全校开12个班，班师比为2.5；每年级保持有2个班，每班学生50人，每年招收100名学生，小一派位学额100名，学校自主分配50名。

香港伊斯兰鲍伯涛纪念小学的校训是博学爱群（Well Educated and Love Others）。办学宗旨是学校重视良好的学习风气，鼓励学生在学业、品德及个人潜能上的发展；培养学生独立思考的能力、乐善合群，成为良好公民；提供完善的学习环境、优良的师资，配合信息技术，使学生愉快学习、成长，达至全人教育的使命。校长为石志端女士，校监和校管会主席是马蓬伟先生。

以上香港姊妹校基本情况是学校领导2017年4月前去校园考察了解到的主体信息；到2022年其校训、办学宗旨、招生派位、班额等基本没有变化。

（一）师生初次见面，印证了解

全方位推进两校开展的联谊活动是2018年，首先邀请香港姊妹学校的师生到我们深圳坪山同心外国语学校来做客，让他们初步了解同心外国语学校的校容、校貌、校训、校风，从升旗仪式到课堂教学、学校一日常规生活，全面敞开。一起参观校园，一起学习，一起运动等。为促进手拉手，增进友谊，我们还一起参观坪山大万世居、深圳市博物馆、仙湖植物园。在这次交流活动中，我们虽然语言不同，但因为前期的准备和指导教师的帮助，通过其他方式进行学习、运动、饮食等方面的沟通，充分表达了我们的热情（图4）。

（a）

（b）

（c）

（d）

（e）

图4　课上学习、课下活动

（二）疏通网络渠道，维护友谊

在活动结束后，我们团队师生对这次联谊接待工作做了一次小结，寻找自己表现中的不足。认为姊妹校协议内容若写在纸上没有实际行动，那么都是空的，只有双方见面，走进对方校园，共同学

习生活，结伴同行，才能行稳致远。在网络资讯发达的时代，我们想采用书信、QQ或微信交流的方式，和香港姊妹学校的朋友建立联系，方便我们长期沟道双方的文化，增进友谊，但刚开始因为他们没有使用这些手段或工具的习惯，而电话沟通的方式花费太大，没有达到满意效果；后来新冠肺炎疫情三年，一切活动渠道似乎堵塞。我们还想私下邀请这些结对朋友和我们每月举办一次见面聚会，进一步了解双方的文化，可因为疫情的不确定性，再加上香港过关的限制，我们的研究遇到了"瓶颈"，很长一段时间内，只能进行资料文献的进一步收集和整理。

（三）举办文化讲座加深交往

2018年10月，我们联系香港姊妹学校的副校长给我们进行了一次异域文化座谈会，她向我们详细介绍了少数民族的小朋友在学校的一天和我们的异同（图5）。

（a）

（b）

（c）

图5　参办文化讲座

（四）再次走进校园，持续交往

在学校的积极组织下，在几位课题指导教师的极力争取下，我们迎来了第二次和香港姊妹学校的小朋友进行交流的机会。为了能够顺利完成课题研究任务，课题组的成员在上一次联谊活动的经验下，有条不紊地开展了第二次交流活动。我们参与学校开展的2019年联谊活动：参观校园，课程交流，参观研究院、科技馆（图6）。

（a）

（b）

图6　再次联谊

我们认为有效推进姊妹校活动，探索大湾区优质教育，结对前行，必须走进校园沸腾的生活，纸上谈兵终觉浅，深入联谊需躬行。

五、发现亮点，聚焦课堂教学

打造粤港澳大湾区优质教育，结伴同行，到各自校园互访是第一步。友谊航船，乘风破浪行稳致远，必须聚焦学校工作以教学为中心这个关键点。校园美、活动多、管理严都不是优质教育的核心要素，我认为只有课堂教育亮点多多，校园教育生态其他元素才会光彩照人。

（一）发现亮点

在办学体制上，有学校自主自由，也有统一情怀。无论是到这所学校回访，还是与其校监、校长、教师谈话交往，他们都对内地、深圳的崛起赞不绝口，流露出浓浓的爱国情怀。

在办学理念上，在全港，小学要求普遍推进全人教育，这是我们主张的培育德智体美劳全面发展的一代新人的香港版本，这所学校实施的全人教育可谓有声有色。

在招生制度上，上级派位每年小一学额为100，自主调配50，值得我们公民办学校借鉴。

在管理制度上，设立校监一职很有价值。

在文化传承上，主张合力探究。学校在2011年就参加香港中文大学（中大）人类学系文化遗产研究中心正式启动项目。启动学术会议上，香港中大邀请中国文化遗产研究专家、西北民族大学民族学与社会学学院（前身为西北民族研究院，于2022年4月更名为中华民族共同体学院）名誉院长郝苏民教授到港演讲，推动香港的文化多样性。

（二）聚焦课堂教学

刚刚交往，姊妹校双方师生的兴奋点停留在校园环境等一些外观上，进入课堂听课关注度不够。随着联谊的深入，服饰、饮食等生活习惯已了解，没有了新鲜感。打造优质湾区教育，结伴同行的主题探究：如何提高课堂教学质量，自然摆在我们面前。双方多次互访、听课，除了他校是英语为主要教学语言，我校汉语普通话是主要教学语言等不同外，尤其在语文课堂教学这个点上，共同认为，同心外国语小语课堂相对香港姊妹学校来说，教师讲得多，学生问得少；知识理解多，思维训练少；传统形式多，创意学习少。港方则和我们不同，可以通过一个课例来佐证。香港姊妹学校陈碧琪老师的语文课不仅在香港，在全国也是相当精彩的。如果你能听到她给五年级上的《论反省》一课，至少能有如下收获。

1. 选题独特

内地小学语文教师都知道，一般上公开课不选论说文，一是小学阶段记叙文、论说文的挑选空间窄；二是网络上论说文可模仿借鉴的课例少，难以寻找；三是学生课堂思路难以预设，授课节奏把握难。这窄、少、难给授课者带来极大挑战，想要把课讲精彩不易。因而从上课选题看很有吸引力。

2. 目标全面

教者设计了知识能力、价值观、态度三个教学目标，与内地新课改三重目标高度吻合。①语文知识：理解议论文结构、议论文三要素，运用事例及语例。②共通能力：沟通能力、说服他人的技巧、建构能力，运用放射图有系统地将个人或小组意见有条理地报告。③价值观及态度：培养自我反思的习惯。在教学过程中这三维

目标，均水到渠成地达成。

3. 策略落地

教学策略：思考与发现。学习策略：认识—掌握—思考—运用。陈老师的课堂，成为思考的乐土、发现的智库、运用的平台。

4. 过程精彩

①从学生知识积累出发引出新知。教师板书一个"反"字，让学生组词。反省、反应、反复、反对、反动。教师问今天学习反省一词，谁说说这个词什么意思？学生1：犯错误时老师叫你反省，学生2：叫你知道错在哪儿，学生3：想想错了怎么改正……同学们今天我们学习《论反省》。（出示题目）②通读课文，理解概念。教师让学生阅读课文找出文中有几处出现"反省"一词，各表述什么意思。集中起来给出反省的含义。③联系实际生活深入理解《论反省》课文。课堂上学生的游戏、重庆吃火锅、古语"一日三省吾身"都成为论点论据，过程相当精彩。

5. 结果丰硕

①生本语文课堂。教者始终把学生所思、所想、所得放在第一位。②社会语文课堂。古今中外天南地北信息量大，都与"反省"密切相关，教师用教材教，不是教教材，教材是火柴，教师用它点燃学生们的思想燎原之火。③精彩语文课堂。语文听说读写练字词句段篇的能力综合提升。笔者认为特别是学生的创意思维能力、据理抗争表达能力、语言逻辑思维能力在这节课上得以充分展示与增强。这样的课使我们收获良多，百听不厌。

六、体验分享全面开展，总结是收获

为了让本校以及更多深圳学校分享我们姊妹校联谊活动的体验和感悟，除了教师的专题分享报告会之外，这里重点谈一下学生小课题组的收获。

（一）文本成果

一是课题组将交流活动过程整理成四份活动简报。

二是将图片、文字资料进行分类整理、删减、整合，撰写课题研究报告，分享活动心得体会（图7）。

图7　分享活动心得体会

三是在指导教师的帮助下，把课题组的研究成果汇编成画册，与全校师生分享，让大家在今后的国际交流中也能文明友好，展示中国公民的良好素质。

（二）学生成长

1. 增强了调查研究，数据分析的能力

学校精心设计了八道异域的基本常识题，调查受众为我校四、

五、六年级参与交流活动的学生及部分教师。课题组成员通过统计，得到数据，对此进行了分析。

这些数据不同程度也表明了我校调查对象对于异域文化的初步了解程度。

2. 培植了文化相融，和而不同的素质

在与姊妹校的同学交流中，了解到当地非常注重家庭观念，家庭在生活中有着重要的地位；他们之间互相尊重文化，尊重差异，优先考虑他人是一种尊重的方式，人与人之间是受保护和尊重的。

课题组成员通过参考知网相关论文，查阅大量文献资料，在与对方学校同学的现场交流，老师的知识讲座、访谈等研究活动中，整理了当地的饮食文化、语言文化、礼仪文化、服饰文化、节庆文化等资料。

3. 丰富了民族情怀，拓展了国际视野

通过小课题探究，学生拓展了国际视野。几次两校师生联谊活动，深化了国际理解教育，感受到世界多元文化的博大精深。走进对方校园，聚焦课堂教学，为我们外语学校的教育教学注入了一股清风活力，为打造大湾区优质教育进一步增强了信心与责任。师生们收获满满。

（三）个人感悟

1. 学生代表

薛小钎：我们几个小伙伴有幸作为学校代表，负责接待来自香港的朋友们，在班主任和语文老师的帮助下，我们提前了解了当地的一些风俗习惯，收集当地的有关文化资料。和同学们一起参加交流活动，邀请老师给我们做讲座、培训，在深圳实地考察清真餐

厅，通过这么多次的研究，我们知识面更丰富了！

张振宇：这次活动不仅让我的知识得到大幅提升，而且让我受益匪浅，还让我与香港的小朋友结下了深厚的友谊，更让我知道了当地的服饰美、文化美以及文理美。

钟梓原：通过这次活动，我感受到了当地的文化美，人美，风情美！了解到少数民族与我们不同，玩中求知！玩中取乐！让我了解到当地的饮食文化及习惯，我十分期待下一次与同学的活动，我更加期待与少数民族的同学做朋友！

潘羽菲：从2018年上半年到现在，我们的小课题相关研究活动也接近尾声了，在这段时间里，我们分工明确，团结合作，在老师的指导下，我们一天天在进步。我们提前了解当地的服饰文化，上网搜寻各种相关资料，进行整理，在整理和理解等多方面遇到了很多问题，但在陈老师、张老师和马老师的帮助下——解决。通过长时间的付出与努力，我们更加了解当地的服饰文化！

欧阳佳奇：为了与香港的同学交朋友，学校成立了这个课题组，在参加这个课题组时，我才发现自己对少数民族的了解甚少。随后，经过老师的帮助，我更深入地了解了当地的饮食文化，让我能跟香港的同学交朋友，不会因看到他们吃的食物与我们不同而提出疑问，那样会让他们觉得我很没礼貌，从而不跟我交朋友。

龚筱涵：不知不觉，调查就接近尾声了。通过这次的研究，我收获满满。它让我了解了伊斯兰的语言文化艺术，他们的语言以及他们的行为礼仪。这次的活动给我带来了很大的乐趣，从遇到困难到解决困难这一步，给了我很大的满足感。它既使我懂得了如何利用网络平台收集资料，还让我与香港小朋友的情谊更进了一步！

赵惠莹：在学习之余，能够亲身经历和香港的同学交朋友与做研究这样一个过程，我很荣幸，也很开心。研究过程虽辛苦但很充实，成果也非常丰硕。在之前我对少数民族的文化了解甚少，但是因为学校给我们这个难得的机会（学校交流的活动和研究活动），也因为我在这方面下了功夫去学习和了解，所以我现在已经对当地文化有了更深的了解。这次活动不但让我收获很多，也让我从中成长不少。同学们一起研究，一起查阅资料，一起整理资料，一起总结收获，这些点点滴滴都是成长。

2. 指导教师

陈碧军：作为学生小课题的指导教师，很荣幸与同课题组教师与小学生一起开阔视野，一起学会尊重不同风俗，一起走进当地文化，校内策划，远方落实。课题是新颖的，探究充满生成性，这是一个师生共同探索、互相学习、共同进步的过程。通过与香港姊妹学校的往来，使不同肤色、不同民族、不同文化背景、不同宗教信仰的学生相互了解、理解，让坪山同心外国语学校的学生从小接轨国际多元文化，培养了一种包容、大气的风度。我在指导学生开展小课题的研究中，重视活动的生成性。在活动中，随着实践活动的不断开展，学生的认识和体验不断深化，解决问题的积极性不断提高。例如，在"深圳人对少数民族饮食文化的了解"活动中，学生的创造性火花不断迸发，研究兴趣也随着活动的生成、推进越发浓厚。注重交流的互动性。师生的互动，以学生灵感为主，教师查漏补缺。不同民族心灵互动，以了解、尊重为前提，相互学习，求同存异，融合共进。倡导分享性。个人感悟体会研究组内师生共同分享，摄影作品、图文手抄报等多方共享，扩大课题探究成果的辐射性、引领性。随着课题组的学生与香港姊妹学校的多次交流，学生走出书本和狭小的教室空间，到地球村广阔的天空上飞翔；调查、采访、交流等实践活动，使他们对少数民族文化有更多了解。学会尊重他人，多元共生，一起守护世界和平。

张梓媛：很高兴能够成为学生小课题的指导教师。看着大家稚嫩的脸孔、清澈的双眼，不禁感叹我们的学生们年龄虽然小，但是却拥有非常强大的力量和智慧，同时我们也很幸运，能在小学阶段就一起进行课题的学习和研究。在本次学生小课题探究活动中，深深感受到课题探究给学生带来的变化，不仅是学生思维方式方法的转变，对于教师教学思维也是一个很大的转变。我们在这个过程中，一起参加交流活动，一起查阅资料，一起自主探究交流，一起外出收集素材，一起进行结论分析。也许大家的思维想法还有很多稚嫩之处，也许大家的研究过程还有很多欠妥之处，但大家充满学习热情，充满探究精神。跟大家一起，学习到了很多关于少数民族的知识，也和香港姊妹学校小朋友结下了深厚的友谊。最重要的是看着大家在这个课题探究中，慢慢形成了一定的学术思维，学会了发现问题、思考问题、解决问题，学会了如何更加有效地进行课题研究，觉得这就是我们最大的进步之处。很开心能和大家一起进步！

马芬：异域文化是一个遍布全球的大范围研究，学生从他们的视角，选取了几个方便他们与姊妹学校的学生更好交往的主题。帮助全校师生对我们的文化差异深刻认识并相互尊重，充分体现了国际友好和国际理解教育。学生在学习之余，亲身经历这样的研究过程，虽辛苦，但研究过程是充实的，成果也非常可喜。虽说是指导

老师，但我之前对异域的文化了解甚少，在学校交流活动时，我也在礼仪方面下了功夫去学习和了解。所以很感谢这帮孩子带着我一起研究，让我也跟着查阅资料，参与活动，时时刻刻有收获，点点滴滴皆成长。总结几次姊妹校结伴同行联谊活动的收获，可以说，守望相助，心灵相通，这对两校学生的学习方式、教师的教学方式、学校的管理方式都会产生正能量的影响，乃至对大湾区优质教育的发展方式也会有一定的借鉴意义。

七、打造湾区优质教育，我们一起努力

不可否认，前进的航程上不会风平浪静，即使没有三年新冠肺炎疫情的自然阻断，百年分离带来的人为创伤也有待时日进一步抚平。比如宗教、社会制度等问题如何回避，怎样表明各自立场不影响深入交往？大爱包容，怎样进一步和谐共存？斗转星移，许多问题会找到答案。

香港是一个国际化都市，香港的国际学校里，西欧、东欧、北美、南亚等各个国家的人都有，各自有自己的习俗。为了帮助非华语学生打破语言障碍，并学好语文，学校在中文教学上投放了大量资源。所以姊妹校师生在交往时也不要担心，害怕语言不通，我们学好中文，学好英语，沟通还是很方便的。中国是多民族组成的大家庭，自古以来，和谐共生，不断融合，才有今天的发展强大。

无论疫情如何，中华民族复兴伟业的历史潮流澎湃向前，"探索与打造大湾区优质教育，结伴同行"是一个远远没有结束的课题，只有不断总结，才能前进。知道痛点、攻克难点、绽放亮点，

集思广益深入友好交流下去，必定取得双赢。我们所有人一起努力。个人建议如下。

（一）政府层面

第一，大湾区（包括香港、澳门）义务教育阶段学校布局结构调整。今后，在大湾区地方给政府上缴税收总量中拨出一定额度，新建学校办学格局需优化调整，办学体制多样并存；国有公立、民办私立（教会办）学校均衡，有一定比例。

第二，大湾区所有职业学校办学放开，国家主导下可以吸引外资、民企创办各类职业学校。

第三，下一个五年计划中大湾区率先实现十二年义务教育，取消"初升高"的统一考试。

第四，教学语言。大湾区所有义务教育学校、职业学校教学语言以中国普通话为主。

（二）学校层面

第一，大湾区所有姊妹校的校园网络平台互联畅通，资源共享。这不仅是技术层面的问题，也不仅仅是师生深入持久交往的细节需求，而且是大湾区优质教育高地建设，教育国际化、现代化、信息化高质量发展的重要体现。

第二，研发与举办多样化的姊妹校师生交流活动项目，如学生网络科技作品展、"海陆空三模展"；普通话演讲比赛、粤语故事会、英语课本剧展演；共饮东江水——客家文化探源、大湾区美好家园师生绘画展；大湾区少儿花会……

第三，开设大湾区优质教育校长论坛。

（三）教师层面

第一，成立大湾区优质教育教师培训营，行政部门牵头，师范院校主管，企业资助活动经费。教师培训营组织培训以及到国内外考察。

第二，举办大湾区优质教育教师赛课活动。由校、区、市推荐选拔参赛名额，层层把关，利用寒暑假举行，欢迎教师积极观摩，记录培训学分，建议由教育学会或教育工会组织实施。

第三，建立大湾区优质教育课例资源库。在区以上赛课获奖的课例均可入库。大湾区教师可以免费进入资源库点击寻找自己需要的课件，也可以收集国内一些名师的课例，供大家分享……

以上纯属个人想法，抛砖引玉；盼望听到更多更好的建议，打造大湾区优质教育，结伴同行，让我们一起继续努力。

附录

同课异构·精彩名师·点亮思维

12月初，本着坦诚交流、开放共研、相互促进的初衷，陈碧军名师工作室精心筹备，开展了一次同课异构教研活动（附图1）。

附图1　开展教研活动

由来自坪山区华明星学校的廖宇媚老师和中山小学的谭玉苹老师分别在同心外国语学校的五（11）班、五（10）班，执教了部编版教材五年级上册第七单元21课《古诗词三首》中的《长相思》（附图2）。

附图2　授课中1

　　廖宇媚老师善于抓住课文重难点，咬文嚼字，扎实推进，展示了良好的教学水平（附图3）。

附图3　授课中2

　　谭玉苹老师巧妙设计，环环相扣，运用多样朗读，律动赏美，达到以读促悟的目的，让人耳目一新（附图4、附图5）。

附图4　活动剪影1

附图5　活动剪影2

　　来自福田区实验教育集团的特级教师仝金华老师对两位老师认真教学的态度予以肯定，针对课堂教学中存在的朗读问题等给出了宝贵意见，并为年轻教师的成长着力点指明了方向。仝金华老师是中学高级教师，语文特级教师，"齐鲁名师"，优秀党员，曾任山东省小学语文研究会理事，先后获山东省优质课评比一等奖，山东省"教学能手"等称号。评课结束后，仝老师还现场示范了课文《长相思》和《繁星》声情并茂的诵读，让人不禁潸然情动，深刻感受到朗读的魅力（附图6）。

附图6　活动剪影3

陈碧军老师对本次同课异构的顺利开展表示欣喜，并表示：教学专题中的一个课例和一个侧面，呈现本工作室对古诗词专题教学的研究，旨在抛砖引玉。教师就是要在不断的锻炼、思考中不断成长，在多样化的思维碰撞中日益追求精彩，包容、丰富、强大（附图7）。

附图7　活动尾声

活动最后，陈老师还对后续的工作计划进行了翔实的安排——工作室工作的新篇章已经展开。陈老师为年轻教师们苦心缔造的成长机遇和开阔眼界的体验让人无比期待！

品书法之美，扬中华之魂

为了落实《教育部关于中小学开展书法教育的意见》及《中小学书法教育指导纲要》的精神，提高小学语文教师的基本素养，2020年12月11日下午，陈碧军名师工作室特组织工作室的成员及坪山同心外国语学校的部分教师，在南山区弘才书苑开展了本次"走进书法大师，传承中华国粹"的研学活动。

在清幽静雅的弘才书苑里，常弘才老师带领我们进行了一次美妙的书法之旅。常老师先为大家介绍了留仙洞文化的起源和发展，接着从书分五体讲起，阐述在不同时期书法的风格和特点，带着大家由浅入深地去欣赏汉字之美（附图1、附图2）。

附图1　常老师讲解1

附图2　常老师讲解2

最让人印象深刻旳是常老师从汉字笔画向上扬起这一特点入手，让在场的教师从美学的角度明白字中有真、字中有善、字中有美、字中有雅，字中有文化的道理。汉字方方正正，象形会意，书法向雅向上，守正扬美，洋溢着正能量，展示了中华民族昂扬向上、自强不息的神韵。写字看似简单，其实横、竖、撇、点、折都有很深刻的哲理和美学，民族文化的过去和未来都包含其中，让人受益匪浅（附图3）。

附图3　常老师展示

随后，常老师向大家示范不同朝代"横""竖"等笔画的运笔方法，让老师们纷纷拿起手中的笔去体验、去感受书法的奥妙（附图4）。

附图4　教师体验

活动的最后，常老师欣然提笔、挥毫泼墨，为工作室献上"碧波扬帆，领军示范"八字墨宝。除了珍贵的墨宝外，常老师还赠送了书法作品集，让教师们如获至宝，爱不释手（附图5）。

附图5　合影留念

这次研学活动让参与的教师感受到了中华书法文化的博大精深，作为教师，更应将这种优秀的文化传播给孩子们，未来任重而道远。

后　记

　　我的故乡广西壮族自治区贵港市有着两千多年的历史文化，平南镇坐落在风景秀雅的龚江之滨，绿色鲜活的乡镇基因滋养了我；到深圳现代大都市里打拼，不忘初心，在坪山教育改革创新的时代潮流里淬炼，追梦前行；在小学语文园地里耕耘，向下扎根，夯实中华民族的文化基础，向外成长，拓展全球意识的国际视野；抱朴含真，走到哪里都怀揣一颗火热的爱国心，饱含一腔纯朴的平民情，与身边的师生一起成长。

　　这本文集旨在温馨提示：做一名小学语文教师，师德比教艺关键，要全心全意爱学生；能力比学历重要，要扎扎实实讲好课；简洁比繁缛唯美，要简简单单挖教材；纯真比华丽珍贵，要认认真真做事情。

　　这里，诚挚感恩坪山区教育局，区教科院领导、专家的热情鼓励，感谢同心外国语学校校长、同事的鼎力支持，感谢家人、朋友的真心呵护；特别值得一提的是好友、特级教师梁桂珍女士写序对我的高度赞誉。同时，向北京燕山出版社助力此书出

版的领导、编辑深深地致谢。没有大家的厚爱，也就没有这本文集。

由于时间有限，视野不宽，本书在主题提炼、素材提供、文字梳理等多方面难免存有一些瑕疵，请各位多多包涵。

再一次，谢谢您的阅读分享。

陈碧军

2022年2月8日